Vision

一些人物，
一些視野，
一些觀點，
與一個全新的遠景！

盧蘇偉

相信自己，你最棒！

【自序】看見自己的寶藏

《喚醒心中的巨人》是潛能大師安東尼．羅賓所寫的書，他書中一再傳達的信念，就是每一個人都有無限的可能，只是許多人不知道，知道也不相信。

我常對我輔導的個案說，如果相信自己是一座寶藏，自己是一個天才，想做的事一定可以做到。

你會要求自己做到什麼呢？許多孩子都不知如何回答，我發現他們不是不相信，而是懶得付出，他們害怕辛苦；但不肯付出和不相信，會讓我們更辛苦。

「如果你想做一件事，一定會找到方法；你不想做一件事，也一定會給自己一個理由。」

我從不問自己為什麼不去做，因為不想要，就不要浪費時間去思考它。然而大部分人不是「不想」、「不要」，你相信嗎？

如果我問他們，「想」和「要」就可以擁有一切，你要什麼呢？他們的答案幾乎都是「我要錢！要很多錢！」

要錢很容易，要很多錢也不困難，只要你肯付出，付出得愈多，你得到的就愈多。錢不是個問題，問題是你能付出什麼給這個社會呢？如果你只想得到而不想付出，我保證你將終生貧窮——窮的不是你的佔有，而是你的心靈。

「做一個富有的人！」

我的孩子認為一個有「愛」的孩子，就會富如國王，一個有「夢想」的人，就會是一個勇士和智者。他從未想過讓自己很有錢，他的說法是「錢」不重要，只要你願意不斷付出你的智慧和能力，錢自然會進到你的口袋。

為什麼要擔心錢的問題呢？我常和我太太稱他為哲學家，年紀雖小，卻常有成熟過人的智慧。他知道不要只把心力放在金錢上，它只是努力應得的報酬。

《相信自己，你最棒！》有別於一般潛能開發的書，我企圖讓還沒有夢想的人，激起想像的火花；讓沒有動力的人，找到泉湧般的活力；讓迷失自我的人，找到生命的方向，並做自己最棒的領航員。別小看你現在的一個想法或決定，它很可能會創造你生命的精采與豐富！做一個真正富有的人，看見自己內在的欲望和飢渴，找到生活和工作的原動力，給自己生命一個全新的開始！

本書分為五章，有許多故事和大家分享；這些故事不只是故事，我只想用這些故事激發你的熱誠，從「心」為夢想出發！

chapter1：找到生命的新動力

這個單元想讓大家了解，人生一切動力的來源都是「愛」這個字，別窮忙和壓榨自己；看見內在對愛的渴望，我們就可以找到生命的活力和動力。

你一直很棒、很好，只是我們看見的都是自己的「不夠好」和「不完美」，看見因愛而受傷的心，我們就會懂得自己真正要的是什麼，就能自我療癒，重新獲得生命的新動力。

chapter2：激發深層的潛能

我們的生活被無數的垃圾給淹沒，我們難免都有股怨氣。生命本來就充滿著許多意外和困難，如果我們了解這些不如我們期待的事，都不是障礙和折磨，而是上天賜予的恩典和禮物，如果我們能用正向積極的思考，用珍惜感恩的心去面對它，許多事將會有不一樣的結果。任何事的發生都是有原因的，而且是上天最好的安排喔！

chapter3：釋放思想的枷鎖

不論你現在處在什麼樣的位置，做什麼樣的事，你的想法都決定你下一片刻的命運。

這一個單元想與大家一起重新改寫我們的字典，用正向積極、更寬廣的詮釋重新定義；改變了我們使用的文字定義，就會有全新的視野和機會。

我們一生中最大的敵人，就是所使用的文字，它不但會限制我們的思考，否定我們自己，也讓人際互動發生想像不到的困難和障礙。沒有什麼是對或錯，只有此時此刻，我們選擇的定義是否合宜。如何善待自己，也讓別人好過呢？端看我們如何定義這些文字，讓生命中的負面想法，能夠得到正面解釋。

chapter4：看見自己的寶藏

每一次到學校對學生演講，我都會一再的重申：別小看你自己，因為十年、二十年後你會有什麼成就，由今天的你決定。

每一個人都是獨特而充滿希望的，每一個人都有著無限的機會，沒有人可以限制你的未來，除非你自己放棄不要，否則你現在要什麼，你未來一定能得到。

有多少人會相信我說的話呢？有多少人是堅持自己理想到底的呢？成功的唯一定律，就是不達目標永不放棄，如果你真的想給自己一次成功的滋味，就從現在開始相信，你要的一切都掌握在你手中，只要你開始執行你的計畫，而且堅定的相信，你一定會做到。堅持到底，我保證你會成功！

chapter5：做自己生命的領航員

這個社會有多少人，就會有多少不同的想法和感受；每一個人都非完美，每一個人都該有持續學習和自我提升的歷程。

我們容易美化專家、學者，或是一些所謂傳教師、心靈導師的人，常有一些人因迷戀或相信這樣的人，使身心遭受嚴重創傷。利用這些頭銜騙取別人金錢或情感的人固然可惡，但會去相信這些「名師」、「大師」、「專家」和「學者」的人，也該為自己負起責任，同樣的，也有人因相信朋友、親人、另一半、孩子，而蒙受重大的財物損失或精神折磨。

每一次我接觸到這些受害人，他們除了詛咒和惡罵外，就是以一副受害者姿態，博取別人同情和支持，要拉攏別人和他一起謾罵和抱怨。

我並不是認為「人」是不可相信的，而是要讓大家清楚的明白，人不是靜態和穩定的，人總是動態和浮動的，思想與情緒很容易隨著環境互動而隨時變化。

學習看見自己內在飄浮不定的心緒，我們就會對世界的一切，有著寬容的期待，才不會拿別人的錯誤和不完美，一再的自我紛擾和懲罰自己。

每一本書的完成，背後都有我的殷切期待。

這個社會始終出現各種危機和考驗，我們的人生也是如此，不用太擔心，不斷運行的時間，會讓許多緊要和嚴重的事件一一落幕。

我也是平凡人，每天都要處理內在的紛擾和不安，我不想掩飾自己的起伏不定，只要看見自己的動盪，就會像一艘航行於內在波濤的船舶，我們才是自己最佳的船長或領航員。不要期待內在或外在世界的平靜，因為它們本質上就不是穩定和靜態的，學習在狂風激浪中，保持著安穩和平靜，因為這一切都是正常和規律的，沒有人可以操弄，更沒有什麼力量在主宰。

人若能了解和明白這道理，就會是自己生命中最好的導師，無須臣服也無須跟隨，就會得到真正的自由和解脫，並看見自己真正的潛能和寶藏！

盧蘇偉　謹識

2008/10/24

目錄

相信自己，你最棒！

chapter1

找到生命的新動力

許多人問我，撰寫親子相關的書籍，為何會在文章裡面加入職場工作和生活相關的內容呢？我回答他們：家庭是一切的根基，經營一個有能量的家庭相當重要，人不能沒有工作，也不能不知道如何生活和自處。每一個人的身心靈都是無法分割的，用正向和積極的態度看待一切，我們就會發現生命中的任何遭遇都是恩典，其中最重要的關鍵就是愛。怎樣把我們失去的心動力，由愛找回來，任何問題才不會是問題，任何事件都會轉化成生命的禮物。

愛是心動力

韋智今天會變成這樣，難道養父母沒有一點責任嗎？我才想開口，養父就武斷的說：「基因不好是長不出什麼好東西的。」

韋智的養父母一見到我，便情緒激動的要我協助他們辦理終止收養的手續。韋智從三歲起就被收養，生母是未婚媽媽，現在結婚另組家庭，生父是誰只有生母知道。

生母現在的先生根本不知道韋智的存在，而且另再生了一弟一妹，為了避免困擾，從未和韋智相認，韋智也從不知道他的養父母不是他的親生父母。而今韋智已經十五歲了，若要辦終止收養可是個大工程。

我繼續詢問養父母，這才了解到真正的原因。

韋智從國小三年級染上偷竊、騙錢的習慣，家人幾乎都遭遇過，學校的老師和同學也少有人倖免。養父激動陳述著韋智的罪行，他們最無法容忍的是上了國中，韋智變本加厲的以恐嚇手段，脅迫同學或小學生拿錢出來給他花用，而最讓他們痛心的是，韋智還向祖母伸手要錢，給得不夠竟然用搶的，把祖母給弄傷了。

祖母一直是最疼他的人，養父講到眼淚都流了下來，接下來養母開始陳述韋智的種種壞習慣，他們真的受不了，不想再繼續當韋智的父母，他們很累，也很無奈。十二年的心血，他們要一筆勾消。他們只想把韋智還給生母，不想再管，也不想再知道韋智的事，這個孩子他們不想要了。

我靜靜的聽著他們陳述，並想像韋智惡劣的模樣。如果是我，恐怕也無法忍受。但韋智今天會變成這樣，難道養父母沒有一點責任嗎？我才想開口，養父就武斷的說：「基因不好是長不出什麼好東西的。」

我一時也不知該說什麼。如果韋智不是收養而是親生的孩子，他們就會摸摸鼻子、自認倒楣了嗎？

夫妻倆從小家庭健全，十分了解家庭教育的重要性，因此他們一直很重視韋智的品德教育，養母還為了韋智辭去工作，做一個全職媽媽。但每天講、每天教，他們自己都覺得厭煩，因為韋智的個性不像他們有話直說，他很陰沉，都只做表面敷衍，轉個身就會變成另外一個人，常口是心非、表裡不一，順他的意就心甘情願的做，逆了他的意便絕不會讓你好過，養父還怒火中燒的說，韋智是天生的壞胚子！

我告訴他們，日本有本書叫《少年犯罪三歲前決定》，三歲前的教育和生活經驗真的很重要，但一個人錯過了三歲之前的重要經驗，就注定一輩子得背負可能犯罪的罪名嗎？

「這十二年來，你們辛苦了！」

他們的付出難道都沒有一些收穫嗎？韋智真的是個壞孩子，沒有帶給他們任何快樂的時光和經驗嗎？

「有啊，韋智小學三年級之前都很乖、很聽話。」

如果是這樣，就不一定是「種」不好或「基因」有問題囉！我分析發展心理學上的界定，孩子九歲前是他律的階段，需要別人的管束和教導，九歲以後則要由父母引導學習自律，也就是學習自我管理、為自己負責，做一個主動積極的人；但大部分父母仍然用管、用罵，一旦孩子頂嘴或不服氣，就以更嚴厲的手段對付孩子，而且是兩個成年父母聯手「對付」一個小孩。

我特別強調了「對付」，韋智的養母馬上解釋：「你們專家不都一直強調管教要一致嗎？我們也偶爾會一個扮黑臉，一個扮白臉……，什麼方法都試過了，對韋智就是沒有效！」

孩子不是我們喜歡時當成寶，不喜歡就想棄養的寵物，也不是敵人或買賣，只想讓對方屈服或利益交換的工具。孩子的出現是讓父母學習如何「當父母」，這是父母唯一可以要求的「回報」。

如果養父母沒有收養韋智，他們就沒有機會知道父母的角色真的不容易擔任，畢竟它沒有固定的規則，每個孩子都有其獨特和差異性，有時上一輩父母的教養經驗，可以套用在下一輩孩子的身上，但大部分時候是行不通的，如果可以一再的複製，父母的角色就沒太大意義和價值。

「期待孩子改變，父母就要先改變，期待孩子用什麼態度對待我們，我們就用那樣的態度對待他。」

韋智的養父母可以忍受他書讀不好、習慣不好，無法接受的是他愛說謊、偷錢和暴力行為。因為養父母從小都是聽話懂事的乖小孩，然而「順從」是孩子類型的一種，韋智的表現也是其中一種；每一個孩子都不一樣，但他們都期待被賞識和看重。我不認為韋智有哪裡不好，只是他成長的歷程不是父母或社會期待的。

我的觀點是，成長過程中的任何事件和遭遇都是有原因的，而且有助於一個人生命的豐富和精采！

「如果我們不是韋智的養父母，他的行為如何，我們都無所謂。」

養父覺得我似乎不了解「父母」這個稱謂的責任和壓力。我家裡也有孩子，我想傳達的是重新定義「父母」——如果我們不陪孩子走人生的一段路，和孩子共有「期待」或「厭惡」、「恐懼」、「害怕」的經驗，這樣的養父母和棄養韋智的親生父母並沒有太大的分別。

現在出現差異，是因為韋智的養父母認為自己只要終止收養，就可以擺脫這個燙手山芋了。

韋智會變得如此頑劣，只有一個原因，他從未被好好「愛」過。

養母馬上反駁我，他們為韋智做過哪些努力，我再解釋他們的確做了許多事，但做過事並不叫做「愛」。

「愛是無條件的賞識、支持、肯定與鼓勵，無條件就是不論他好或不好，都會因為愛，為了孩子，願意做任何的事，而且還要心懷感恩的做，感謝孩子給我們服務的機會。」

我們自出生至今，很多時候沒有體會什麼是真正的愛，所以，我們要透過孩子一再的練習。

沒有哪個孩子是麻煩或災難，他們總有一天會長大，我們和他共有了一段經驗，未來就會成為他的最大心靈資糧。

如果韋智這時像寵物被棄養，五年、十年後，他的婚姻和親子互動關係，將會遇到類似的困難，他也會用同樣的方式去解決。

養父母若只是自私的想要一個如自己所願的孩子，不顧這個生命的未來，而堅持說我們曾經愛過他，這是很難說服人的。

「韋智的這些偏差行為要怎麼解決？」

「他沒有什麼偏差行為，而是他有許多別人沒有的獨特學習歷程和經驗。時間一定會經過，韋智也一定會長大，今天我們種下什麼種子，明天他就會結什麼樣的果子。愛是最好的種子，也是唯一的希望！」

養父母沒有立刻答應要撤回終止收養的訴狀，而我始終認為以「愛」做為基柱，親子關係才禁得起各種不同的考驗。我時時刻刻都不斷提醒自己，讓自己的愛是「在」當下片刻，才可以看清問題和事情的真相。

收養和親生的孩子沒有什麼不同，差別只在於我們遇到了問題，親生父母會毫不考慮用生命的所有去改善和解決，養父母常會把責任推給孩子的「種」不好，要把孩子退還給親生父母。

孩子沒有不同，不同的是為人父母的態度；孩子不是寵物，即使寵物也不能玩厭了就要棄置，更何況他是個生命，一個活生生的人呢！我們與孩子相處的任何經驗，都會被存錄，孩子一定會長大，他們終究會分辨愛與非愛的經驗。

「一個有愛的孩子，即使一無所有，他也會富如國王；一個沒有愛的孩子，即使佔有了全世界，他依然貧如乞丐！」

另一半與孩子，他們和我們一樣，只想做個因愛而富有的人。不要輕易對愛失望，我希望養父母再給韋智及自己一次機會，讓愛成為改變一切的動力。

時間會過去，孩子會長大，愛會禁得起時空的考驗，我們不能為世界做出什麼偉大的奉獻，至少不要為這個世界，製造一個對愛無法信任的人，這樣的經歷會影響這個孩子未來的婚姻和家庭，會讓這樣一個折磨經歷好幾個世代。

「我們大部分都是以愛為名，只養大了一個孩子而不知愛是什麼的人嗎？」

如果對愛有了正確的了解，就不會輕易失望和放棄努力的！

「只要他能守本分，別再做壞事，我們都願意愛他。」

這不是愛，這是在「談生意」，我再次重申愛是無條件的。不論發生什麼事，我們都該永遠的支持、永遠的賞識、永遠的陪伴他共同成長。

「養父母也可以成為真正的父母。」

最後，這場終止收養的訴訟，終於有了轉折，養父母願意繼續的學習如何成為一個真正的父母，並無條件的陪孩子走人生的一段路。

心動力

人都有一種本能叫「趨利避害」，而在潛能開發的過程，我們常帶領學員進入一個只能前進無法後退的情境。爬到電線桿的頂部，你只有一個選擇就是往前跳去抓住前面的桿子，深入洞穴探險；只能往前走，無法回頭重來，人的潛能就會被激發出來。

教養子女和工作都是如此，如果我們可以把孩子退貨，換另一個不一樣的，我想會有許多父母會換來換去。但我們就是不能換，所以，在遇到困難時堅持下去，堅持永遠的支持、賞識、肯定，我們不吝於鼓勵孩子，孩子便會在成長過程的種種逆境中逐漸茁壯。

愛讓我們富有

「一切都是我的錯，我死了他們就會好過。」

她就好像自己的媽媽，常常把死掛在嘴邊。

我的好朋友鈺茹，因上了國中的孩子經常與她惡言相向，甚至發生粗暴的肢體衝突，於是十分無奈的來求助於我。

她陳述了孩子小時候是如何的懂事和乖巧，而不知為什麼上國中之後，孩子就變了。

我要她多讓我了解家中夫妻和親子的互動關係，她告訴我這十幾年來她一直努力做個賢妻良母，全心全力的照顧公婆、先生和孩子，當孩子都上了國中，她才警覺自己的家庭關係，出現了一些問題。

孩子都學他們的爸爸，對她使喚來使喚去，一有怠慢或不如意，他們都會大聲斥責或辱罵，口氣和態度都讓她深受委屈，她覺得自己比傭人還不如。

「妳的先生和孩子不是今天才這樣對待妳，這是妳願意的，不是嗎？他們從未體諒過妳在家的辛苦，也從未對妳的努力說過感謝的話，不是一直都是這樣的嗎？」

鈺茹對我的說法，頗有感受的流下了淚水，她自覺深受委屈，我則不這樣認為。

她決定了她自己、先生和孩子的角色，而一直以為自己只是顆棋子；事實上她是下棋的那個人，就如同鈺茹描述她原生家庭的媽媽，表面上，她的媽媽是個犧牲奉獻，受盡各種委屈的角色，但實際上她是主導一切的人，最後又扮演起一個苦命的受害者，讓家裡的男人們充滿著焦躁和不安情緒。

我分析鈺茹的媽媽，她是個缺愛的人，藉著照顧別人的過程向別人討愛，卻又拒絕別人的回饋，讓自己成為一個引人注意和同情的角色。

她始終以愛為名，卻以愛耍弄全家的男人、折磨其他的女人。

當然，鈺茹的媽媽不是個壞女人，她會這樣，和重男輕女的背景有關，鈺茹也在毫無警覺的情況下受到母親的影響，成為媽媽那樣的人。

她的母親終其一生都不了解自己究竟是怎麼了，總是在愛怨之中打轉，最後造成一股讓先生和子女難以言喻的對抗力量——遠離她或有意無意的不讓她好過。

鈺茹的媽媽沒做錯什麼事，只是終其一生都沒有人告訴她，「妳可以放輕鬆的過個自在生活」，畢竟她不需要去討好「他」們，更不需要去掌控「她」們。

我把鈺茹的內在心結，藉著談論媽媽的過程，讓她自己做了檢視。她和青春期的兒子並沒有太大的問題，她的女兒會不定時的陷入憂鬱，情緒低沉要自殺，其實也沒什麼問題。只要她開始改變，讓自己成為一個真正快樂享受生命的太太、媽媽，一切都會變得簡單和容易。鈺茹聽我這麼說，很自然的反應就是自責，她語帶曖昧的引導我陷入了她毀滅性的思維模式。

「一切都是我的錯，我死了他們就會好過。」她就好像自己的媽媽，常常把死掛在嘴邊。

「妳死了，他們不會好過，想想妳媽媽離去時，她仍未放下心中的愛怨和不平。」

沒有人有錯，鈺茹的原生家庭，給予她一個獨特的經驗，現在因為家庭和孩子重現所有的問題，反而成為她學習和自我提升的契機。

「一切都是上天的恩典和禮物，了解一切的善和美好，沒有經歷便永遠無法解開我們內在的糾葛和紛亂。」

生命中的總總遭遇都是有意義和價值的，一再的經歷，我們就會一再的自我澄清。叛逆的孩子和失控施暴的先生，他們都不快樂；他們和鈺茹一樣，不知道自己發生了什麼充滿矛盾和衝突的事。

「我們無法真正的了解另一個人，更不能改變別人什麼，唯一能努力的就是調整自己、善待自己，並讓自己能快樂一些。」

鈺茹一臉憂鬱的告訴我，這麼多不如期待的事，一再重複的發生，她如何快樂呢？

「沒有什麼事是壞事，一切都是學習的機會，用感恩的心去珍惜吧！」

生命是個學習的旅程，途中有些景點與遭遇，和我們的期待有很大的落差；也正因此我們才有學習的機會，否則任何事都是順心如意，人生的旅程就會平淡無味。改變我們的心念，鈺茹的先生和孩子不是來討債的，而是來報恩的。他們帶來的是驚奇和禮物。

「謝謝他們的獨特，包括他們的惡言惡語和粗暴行為。他們只是想表達內心的不愉快，沒有傷害的惡意。」

許多情緒都是在特定的人身上和特定的情境之下才會出現，鈺茹的先生我見過，也和他談過多次的話，他是一個很棒的先生和值得孩子尊敬的好爸爸；鈺茹的兒子也是我輔導的個案，雖有過一次偏差的行為，卻是一個獨特有潛力的孩子；她的大女兒我也見過，曾陪弟弟來法院，是個心地善良柔軟的好女兒。他們一家人沒什麼問題。

「他們都很會演戲，在外面是好樣子，回到家就變成魔鬼。」

他們很會演戲，在外面拿了一本和家裡完全不同的劇本，鈺茹為什麼也要配合演出惡魔的劇碼呢？她可以擔任一個充滿著能量的快樂媽媽角色，讓家處處都閃爍著愛與希望的光采。

「我沒有那樣的劇本。」

愛和希望的家庭來自每一個人的珍惜和感恩，每天都用服侍貴賓的心，感恩家人給我們服務的機會，剛開始會有些不習慣，多幾次我們很自然就做得到。

「服務別人還要感謝他們？」

「是家人的看重並給我們機會，我們才能服務啊。」

讓家營造出一個時時珍惜、處處感恩的磁場，才不會有哀怨和暴力。

「改變，就從自己開始。」

鈺茹背負著原生家庭，尤其是媽媽給她的許多經驗，改變需要一些練習時間，我也要她的家人協助我，做鈺茹的啦啦隊。

當中六個月期間，我再也不曾聽到鈺茹的抱怨，她的孩子告訴我，媽媽睡前已經很久不用服安眠藥，家裡也很少出現爭吵和叫罵聲了。我相信每個人都期待一個充滿愛與希望的家，但許多人搞錯了方向，讓自己的家毀在與愛無關的事情上。一個人如果不滿意自己、家庭或工作，就必須自我改變，如果你喜歡你自己、滿意你自己，一切都會變得容易實現。

每個人都認為改變是件困難的事，因為改變自己需要很多時間，更何況我們要改變別人呢？而我們大部分時候卻冀望於別人改變，以符合我們的期待。放下這樣的期待，因為這樣的期待會讓我們更加的受苦，一切的改變，就從自己開始；只要我們願意改變想法和做法，一切都會變得簡單。如果還覺得困難，把自己當成演員，生活只是在表演，手裡拿著一份愛與希望的劇本，想想如何做或如何說才可以讓我們的家及這個世界充滿著愛與希望呢？我們不但是個演員也是個導演，更是個製作人與老闆，整齣戲劇的成敗皆由我們負責，但也不要有太大的壓力，因為《聖經》給了我這樣一個啟示：「上帝給予的恩典是足夠的。」

安心、放心，勇敢的向前走，祂在前方擺好了豐富的宴席。我雖不是基督徒，但每當我在信心動搖的時刻，這句話就會浮現。我明白這一生的旅程，任何事都不要只看現在和表面，只要盡心去努力，播下手中的種子，很自然的在前方路途上，會出現意外的果實。這幾十年來，我不斷見證到《聖經》的啟示，只要我們用喜樂的心，珍惜和感恩所遭遇的一切，用學習和自我提升的態度，看待眼前的一切，再多的逆境和不順，未來我們將會明白——這不是惡懲、更不是生命瑕疵，而是無限的恩典和禮物。

我們可以抱怨我們的父母不夠好和不夠完美，我們可以不滿我們的另一半和孩子，有太多不如我們期待的地方，可以指責我們的社會，怨恨我們的工作，但這改變不了什麼。因為不管我們多麼奮力排斥，一切都不會有太大改變，而唯一能改變的就是我們的想法。

不夠好、不夠完美，是因我們不了解生命是個學習的旅程，如果一切都盡如人意，所有的學習和改善將瞬間停止，因為沒有必要變更。由於父母的愛可能有著瑕疵和雜質，所以，當我們為人父母時，就是再一次的省思沉澱、再一次的學習改善。因我們不滿意另一半和孩子，我們就有機會了解人與人親密相處的困難處，我們才會有更多的諒解和包容。沒有人有錯，每個人都在做不同的努力，每個人都有向善和向上提升的期待，多多認識、了解和調適自己，心會趨於安定和寧靜，我們屆時就能明白，所有的紛擾都是個恩典，所有的困難都是個禮物。

沒有任何人是不夠好的，每個人都是很獨特的；沒有任何一件事是壞事，我們要看見自己的獨特。我們的期待，讓自己受了傷害，我們自己的「缺愛」，也讓我們失去了重心和方向。改變自己，就從了解自己開始，我們和其他人一樣，需要的不多，只有愛與被愛而已。

心動力

我們有太多的不滿意，不僅父母不夠好，另一半不夠體貼，孩子不夠優秀，工作沒有成就感，薪水始終不夠用……我們可以繼續抱怨，但也可以做一些調整。世上沒有什麼是足夠的，是因為我們想要的太多，而願意付出的太少，如果我們付出的多，想要的卻很有限，我們就會成為一個富有的人。

貧與富都在自己的心念，學習做一個真正富有的人，請記住：愛是最重要的資產喔！

你要，你就有機會

如果我們只是為了一份薪水工作，不肯多方的學習和進修，有一天工作發生了類似辰龍這樣的遭遇，我們可能就會陷入困境。

辰龍是我輔導個案的家長，因為孩子，我們有了許多互動的機會，有一天他心情頹喪的來找我，我以為他的孩子又有什麼狀況，後來才了解，他任職的公司，因不景氣的理由把他和幾位資深的員工資遣，他十分的不平。

他是如此的認真和珍惜這份工作，可是老闆考量未來退休金的給付和年資薪水等等問題，而要他離職。他很難過的懇求老闆，再讓他繼續工作，他願意減薪和無條件加班，可是老闆連和他見面的機會都不給。

他已經四十幾歲了，大學畢業就在這家公司，從基層幹部做到生產部門的經理，對公司就算沒有功勞，也有苦勞。

「這真是一件令人難過的事，往好處想呢？」我問辰龍。

「至少是資遣，也領了一些錢。」

「還有呢？」

「年齡還不算太老，要重新開始還有機會。」

「所以呢？」

辰龍決定很積極的找工作，我倒覺得給自己放個長一點的假也無不妥。

雖然孩子都在讀書，至少太太還有一份薪水可以維持家計，過簡單一點的生活。與其盲目的去找工作賺錢，不如好好的思考和計劃，如何找到一個穩定而有發展性的工作。

我要他回顧，這幾年來所得的資產有哪些？失去年輕的優勢，他還有什麼樣的競爭力？再者，這個社會在不景氣的衝擊下，人人都謹慎消費，哪些行業是不受影響的，又為什麼呢？哪些行業容易倒閉，又為什麼呢？以他的優勢和資產，最有利的發展方向在哪裡？

辰龍因環境的因素，加上經濟壓力，給自己一星期的觀察思考時間，再次見面時，他列出了一張清單給我。

一、他對自己二十餘年工作經驗的回顧：

他是個上班族，只會準時上下班，二十餘年好像都只在規律的上下班路上，來來又回回，唯一留下的是一身的贅肉和一點老花眼。

我幫他做了一些整理，表面上他確實沒有太多功績或亮麗的紀錄，但他從基層主管一路爬升至經理，累積不少人事管理方面的心得。

他很懂得各個領導階層的想法和需求，他懂得和部屬溝通，化解人事上的衝突，對於生產的目標更是使命必達，很少有失誤。然而他的經驗就僅只於經理，關於總經理或老闆的經驗他是沒有的，所以若要自行創業，他必得先繳一些「學費」，而他沒有太多時間和金錢可以投資。

二、什麼行業是在不景氣時仍然有很大的生存空間和發展機會呢？以辰龍的觀察，日常生活中，吃是必要的，像是高級餐廳和平價餐飲，生意都未受到太多影響，而其他如服裝、汽車、玩樂方面的行業，影響似乎比較大。雖然大家都捨不得花錢，大餐廳婚宴喜慶或生日派對，看來也沒減少。

三、以他在生產業擔任經理的背景，如果要選一個行業或領域，他適合什麼呢？

他想開小吃店，他不想再當上班族了。因為他認為每個人每天都要吃，只要做出特色，生計上應該沒什麼大問題，可是他對餐飲業所知有限，更非專業。

最後辰龍仍決定自行創業，他要開早餐店。

我的看法是，開店會不會賺錢，問題在於這個店有哪些別人沒有的特色，能否滿足消費者的需求；價格合理又便宜、薄利就要靠量多、開店地點有足夠的消費群、附近有多少類似的早餐店、需要多少的人手和供應量。如果走的是健康養生路線，開店的位置就要選擇在有此需求的社區。

我提供了一些看法，雖然辰龍告訴我，這個有問題、那個做不到，最後他仍然決定做做看。

我覺得在資源有限的情況下，應該更謹慎的出發，而且一開始就要抱著必勝的決心。

辰龍的早餐店經營了三個月後，決定草草關門，因為房租加上一些材料費用，每天賺的都不及他去打工的日薪，而且三、四點就要開始工作，九點生意就結束了，一天工作五個小時，他每天都在算自己損失了多少老本。

他想打工，卻不知自己還有什麼可以做。粗工他沒辦法，他想到開計程車，算算一天至少要開十個小時以上，才有可能淨賺一千元，一個月工作二十五天，兩萬五千元的收入，也還過得去，但若加入買車或租車的成本，他又覺得這是一個薄利又辛苦的工作，他還考慮去便利商店或加油站工作，在那裡工作不需任何成本，每小時淨賺九十五元，一天工作八到十個小時下來也有近千元收入。

他感嘆一個不算小型公司的經理，竟淪落到和學生一起搶賺打工的錢，真是有些悲哀。然而他的老闆後來似乎也不怎麼好過，辭退了部分員工，減少了一些支出，但相關產業財務出了狀況，他也連帶的被拖累而跳票。

辰龍慶幸自己至少領到資遣費，在他之後離開公司的同事，有人還被欠了幾個月的薪水，因為老闆為了躲債人就不見了！辰龍如果能滿意他的工作和所得，我就不便多說了，任何工作都是好的工作，收入少花費就少，日子一樣過，也沒什麼不好。

辰龍工作了幾個月，因收入難應付家庭開支，他又來找我商量。於是我分析他過去的經驗與優勢能力，應該比較適合做自營連鎖商店的店長，或者管理人員和物品銷存的工作，當然一切都要重新學習。

不久後，他經由打工的便利商店體系，參加儲備店長的考試和訓練，一年後他從實習幹部，正式被派任為店長，薪水雖然仍不及先前擔任經理時的所得，但他已經很珍惜和滿意了，並且他有意在經驗、時間都成熟時，找個好地點，經營一家屬於自己的便利商店。

我為辰龍感到高興，我常和我輔導的孩子分享這類的經驗：每個人都要有工作，而如果我們只是為了一份薪水工作，不肯多方的學習和進修，有一天工作發生了類似辰龍這樣的遭遇，我們可能就會陷入困境。

過去有一技之長就可以立足社會的想法，應該有所修正，每個人除了主要專長外，仍要不斷利用工作的過程提升自己各種能力，辰龍如果懂的不只是電子零件組裝，還能往上游和下游產業多做了解和關心，累積足夠的知識和經驗，除了管理的能力，又跨足研發、行銷、財務等領域，成為一個有多元職場能力的人，在職場上的空間自然就會不一樣，一旦所屬企業有所變動，再找新的工作也會比較容易。

畢竟每個老闆都喜歡花一份薪水，聘請到具有多元能力的人。不要輕易自我設限，許多專業只要你接觸了，自然就會了解它的精要所在。

心動力

我們的一生有大半的時間都在等待，等待工作、等待上班、等待下班、等待別人改變、等待別人注意我們、等待別人的看重和賞識、等待愛人的出現、等待生命中的貴人和奇蹟。因為等待，所以，我們一再的失望；選擇接受生活中的各種遭遇和安排，放鬆心情去享受所有的變化，你也可以主動追求自己想要的一切。

大部分人的煩惱都來自不肯接受現狀或不滿意，若不願意付出行動，現狀是永遠不會改變的。沒有什麼是好或不好，只要你自己覺得OK，這個世界就是美好的，在在都由你自己決定。

我的信念是，不強求不屬於自己的一切，但也不放過任何可以讓生命豐富和精采的機會。你相信自己嗎？

生命中只有恩典

「男人生活在這個充滿性暗示和誘惑的環境，是非常辛苦的。」

「盧老師，你的意思是要我繼續裝傻、假裝不知道，成全我的先生在外面亂搞，甚至生小孩嗎？」

惠婷是我間接認識的朋友，因為她的家裡發生了重大變化，她才找我討論事情。

她發現她的先生外遇，而且可能已經持續一段很長的時間，她不知如何面對，所以都一直假裝不知道。最近她實在假裝不下去了，整個人都要崩潰了。

「妳想要什麼結果呢？」我問她。

「我要一個完整而幸福的家庭。」

「妳認為妳將如何得到？」

她告訴我家已不完整，幸福已經成了泡影，要得到，好難！我引導她重新的定義她的「家」和「幸福」。

她認為「家」就是夫妻要彼此信任，而且全力以赴的忠誠奉獻；「幸福」就是夫妻兩個人要相互了解、體諒和彼此相愛。

我告訴她，這樣的標準是大部分已婚女人，每天都在努力的方向，但卻是男人老掛在嘴上，卻經常做不到的事；所以，大部分家庭的困難和危機，都是男人製造出來的，妳期待一個忠誠無瑕的先生，有時候只能靠運氣。

「我不要一個有瑕疵的婚姻。」

「如果一個家庭破碎成兩半，讓兩個孩子都得不到父母完整的愛，這是妳要的嗎？」

外遇的確是一個嚴重的問題，若沒有謹慎思考，我們就會毀了多年來的努力，讓全家大小陷入萬劫不復的痛苦深淵。

男人自青春期開始，就一直存在著各種性幻想，而大部分的已婚男人，也只是幻想而沒有讓精神外遇成為肉體外遇。我接觸過許多有過外遇經驗的男人，他們描述偷情的歡悅和懊悔，大多和偷情違反倫常的緊張過程有關，我常開玩笑的問他們，偷情過程之中，是不是有很大的心情落差？因為這件事是被禁止和違法的，儘管偷吃的對象和家裡妻子都是女人，一牽涉到偷吃，就是滋味不同。

外遇和買春不同，它不單單是一件性行為，整個外遇的過程有著許多錯綜複雜的愛戀糾葛，發生性關係前，人總會做出一些示愛的作為和承諾，答應了某些事，成為交換性關係的禮物。

一個女人願意和一個有婦之夫發生性關係，其中也夾雜了許多的曖昧和迷情，事後一旦性衝動和性趨力消失了，他們便又後悔了。整個外遇過程是一連串的情慾的糾葛，許多的對話和承諾，都只為了得到身體的發洩；一個外遇的男人如何在性壓力紓解後，理性恢復時，面對自己講過的情話和已發生的性關係呢？

有許多男人會幻想腳踏兩條船，讓原有的家庭和不倫的戀情，能同時存在而不被發現，或是處在「兩女共事一夫」的生活。許多案例和事實都揭露著，要和另一個特質與我們不同的人共同生活已經是重重考驗，更何況兩個女人和一個男人的「非常」組合呢？如果有成功的例子，除非是握有絕對權力的帝王，或坐擁金山銀山的財主，否則一般男人恐怕難以消受和承擔。再者，身為男人或女人，必定要了解的是，婚姻之外的性關係，會破壞既有的家庭互動關係，帶來無窮後患。

一個發生外遇的男人，無法得到太太和孩子的尊重與信任，這也是為什麼許多男人的外遇是接二連三的，因為他們自己也不知道為什麼性荷爾蒙的強度，超過意志和理性太多，成為只是用下半身思考和過活的男人。

我很認同《聖經》上說的，一個男人結了婚，他就失去了自由，他已不屬於自己所有，而是另一半和家庭所有，他沒有自由去愛另一個人。

理智上雖知如此，事實上大部分男人都容易犯同樣的錯誤。或許男人會把自己的錯誤推給下半身，因為他們的思考能力一不小心就會被「性」綁架了，我身為男人也常有這樣的感覺，會心不由己的被情色誘惑而意亂情迷。我很擔心自己會做出難以控制的行為而傷害了另一半和孩子，而且同時傷害了自己和婚外所愛的人，這在理智上是不應該發生的事，所以，我十分謹慎於自己和異性獨處時的言行，尤其是自己經常性幻想的對象，這些人都是我目前維持著良好關係的同事和朋友，一旦踰越了人我分際，發生了不倫關係，勢必就會破壞所有人對我的信任和尊重。

男人表面上必須表現出正人君子的模樣，事實上，如果可以透視男人的頭腦，大部分的時間，男人的心智是被性所佔據；性的紛擾被解決，一個男人的潛能才能顯現出來。

我相信真正的愛，不論是自己的另一半或性幻想的對象，我們都應把生命中的善和美，全然奉獻給對方。當然我們不該讓不倫的事件發生，來傷害彼此，如果這件事發生了，表示我們不了解真正的愛，只是一時被性所操弄了。

「男人生活在這個充滿性暗示和誘惑的環境，是非常辛苦的。」

「盧老師，你的意思是要我繼續裝傻、假裝不知道，成全我的先生在外面亂搞，甚至生小孩嗎？」

惠婷誤解我剛剛的解讀，我的前提是她如果還要這個婚姻和家庭，對男人的了解是有必要的，因為這一個事件處理完不久，下一個類似的事件依然會發生，如果她還期待這個家能回復完整和平靜，「了解」才能知道如何避免讓事件重演，「諒解」才能修復已受創的不完美婚姻和家庭。

「我珍惜這個家沒有用，要我先生珍惜才有用啊！」

的確，男人犯了錯誤，要女人了解他，並珍惜兩人共同努力建造的家，實在有些勉強。我在法院見到的孩子，大部分都來自於離婚的單親家庭，男人的錯讓孩子沒有辦法擁有完整幸福的家，最後的爛攤子都是由女人承擔，與其如此，何不朝另一個方向努力，讓犯了錯的男人有機會彌補，用加倍的愛來照顧這個家呢？協議離婚是很容易的，但結果卻是對夫妻和孩子永無止境的惡懲，如果不是到最後關頭，我不會建議當事人離婚。

「什麼是最後關頭呢？」

夫妻兩人相處如在水深火熱之中煎熬，孩子要每天忍受父母的冷嘲熱諷和不定時的火藥爆炸，家裡每個成員都不願回家，寧可在外流浪，這樣痛苦的家，拆散的目的是為了讓痛苦減輕而已。

惠婷的先生雖然外遇，但她仍深愛著他，更期待過去的幸福家庭能再重現，兩個孩子都是父母的寶貝，一個仍有愛的家，有什麼理由因為一次意外而宣判死刑？何不給它一個重生的機會呢？

「盧老師，那我要怎麼做？」

明確知道我們要努力的方向，把一個家的能量恢復起來，找回原來的幸福和快樂。儘管這是她先生所製造出來的危機，卻要靠全家人的力量，才能夠修復這個破洞，我希望惠婷能邀請孩子一起來幫爸爸度過難關，情緒的不滿和宣洩，都無助於事情的解決。

「因為有愛，所以我們可以原諒所有的錯誤，因為有愛，我們願意接受一切考驗；我們相信愛是唯一解決問題的鑰匙，破碎的心會因愛而修護，迷失的心會因愛而找到真正的方向。」

惠婷表示她會做最大的努力，讓這個婚姻和家庭，重新燃起溫暖的愛。

她帶著信心和勇氣面對這件事。事後她告訴我，和先生協談的過程中，她一再的強調她仍愛著他，不論發生什麼事，她都願意原諒，並和他攜手解決和承擔所有的難題。

這是一個考驗他們婚前承諾，永遠相愛、信任和扶持的時刻，她告訴我，先生在她面前嚎啕大哭表示歉意，說自己對不起惠婷，也對不起受他誘惑而發生關係的異性朋友，他承諾不論有多麼困難，要受到什麼懲罰，為了這個家，為了惠婷和孩子，他下定決心要解決自己所犯下的錯誤。

惠婷不僅主動協助先生面對外遇的女人，還把積蓄拿出來賠償給對方，惠婷感受到來自娘家的壓力，他們覺得她是個傻女人，被先生「賣了」還幫先生數鈔票，但她很清楚，任何代價都是值得的，她找回那個原來的先生，以及孩子尊敬信賴的爸爸。

她的先生在事後也特別來找我，謝謝我的協助，我也謝謝他用那麼大的代價，分享如此可貴的經驗給我，讓我知道外遇的痛苦和付出的代價。

「每一個男人都應小心看護自己，平淡無奇的生活，才是最幸福的。」

惠婷的先生，給了我一份很棒的禮物，而且是一份終生受用的禮物。

心動力

什麼是恩典呢？對惠婷而言，這次的外遇事件就是個恩典，讓她擁有了真正的婚姻和幸福的家庭；對她的先生而言，這次的外遇原是婚姻的危機，沒想到卻能教他了解什麼樣的伴侶和家庭才是自己真正愛的和想要的。

我們可以期待一個沒有意外和瑕疵的婚姻和家庭，但這樣的期待通常會有很大的傷害，不如讓我們相信愛是一切的療方，只要有愛，任何的傷痛都能得以療癒。

把我們的愛找回來

父子先是言語對罵，後來爸爸出手推翊廷，翊廷也不甘示弱的罵髒話和吐口水，父子就拿棒球棒和椅子對峙。

媽媽嚇壞了，通知我之後再向警方報案。

翊廷的爸媽是我多年的朋友，又住附近，從翊廷幼稚園起，我們就一起看著他長大，現在已是國中二年級，身高一百七十公分，幾乎和爸爸一樣的高，一表人才帥氣十足，每次見面都會主動向別人問候，在學校也常受到師長的讚許和肯定。

誰知道前幾天媽媽打電話向我求救，因為他和爸爸在客廳扭打起來！剛開始我以為媽媽在開玩笑，家中唯一的孩子，從小被當寶貝一般的照顧，居然和爸爸大打出手，我很難想像這是什麼樣的一個畫面。

我匆忙趕到的時候，戰事已經結束了，翊廷已經去學校，爸爸也上班去了，媽媽怕我失望，預告晚上他們父子還會有戰爭發生，希望我再來一趟。我稍微了解一下狀況，表達了我的關切，也希望能幫上一點忙。

之後深入和翊廷的爸媽對談，才了解到翊廷上了國中，功課不像小學時候都是班上的前三名，加上青春期的影響，對異性產生強烈的興趣，每天都在髮型和服裝花上許多時間。

學生其實也難搞出什麼名堂，不就是弄些和別人不一樣的造型，或是故意遊走在校規的邊緣，爸媽可以勉強接受他的「作怪」，畢竟爸媽都是高學歷、高成就的社會人士，可是翊廷吵著要新款手機，或者沉迷在網路上，從未看過他認真的在家讀過書，成績一再的滑落，從前二十名滑到最後十名，爸媽於是開始緊張了。

國一講，翊廷都還會應諾，國二再講他，他就頂嘴，父母指責他，他就指責父母之前不合理的期待，更把最近自己所有的不對全推到父母身上。他如果有錯，都是爸媽的責任。

引爆父子激烈衝突，是前一天晚上翊廷上網聊天聊到十二點多，爸爸忍不住制止他並要求他關機，他剛開始答應說：「等一下！」

過了十幾分鐘，爸爸再提醒一次，他便不耐煩的說：「你很煩唷！」

爸爸火大了，就把電腦插頭拉掉，兒子很不高興的罵了粗話，父子差一點打起來，經媽媽的調解，硬把爸爸拖回房間睡覺，父子一晚想必都沒有好的睡眠品質。

早上翊廷因為太晚睡起不來，媽媽很無奈只好求助於爸爸，爸爸前仇舊恨又被激發起來，什麼話也沒說就拿了一桶水，往沉睡中的翊廷頭上澆下去，翊廷被驚醒，父子先是言語對罵，後來爸爸出手推翊廷，翊廷也不甘示弱的罵髒話和吐口水，父子就拿棒球棒和椅子對峙。媽媽嚇壞了，通知我之後再向警方報案。

「我能幫上什麼忙呢？」

這雖然是嚴重的家庭暴力衝突，但會發生絕非偶然，這是長期累積負面的互動經驗所導致，其中最主要的原因是父母錯失了「準備」和「學習」的功課。

一個在國小如此乖巧的孩子，不會到國中突然改變成「惡魔」，大概在國小三年級左右，父母要「預備」孩子即將進入青春期，開始要「學習」做不一樣的父母，「管」和「教」的方式，要有所調整。

孩子已經逐漸長大，要讓孩子培養「自我管理」的能力和「為自己負責」的態度，現代家庭因孩子少，父母會緊盯著孩子，一旦為孩子做太多、提醒太多，孩子自然就失去自我提升的機會，逐漸成為一個被動和不負責的小孩，尤其是一個男孩，到了青春期是不肯給別人管束和教訓的。

如果青春期前，親子之間累積足夠的愛的存款和成功經驗，相互信任對方，就能用幽默的方式去面對和對談；良性的互動關係，來自事前的準備和學習，不是等問題發生時，才注意到孩子的存在。若父母執意要把青春期孩子掌握在自己的想法和意志範圍，親子衝突就難以避免。

「事情已經演變到父子如仇人，見面就要吵，現在能怎麼辦呢？」

媽媽急著想要改善這樣的關係，她長期被爸爸指責是寵壞孩子的元凶，被孩子當成女傭，使喚來使喚去，她覺得自己在家裡一點自尊和地位都沒有，她不明白自己做錯了什麼，也急著要解脫這樣的困境。

「如果期待孩子和先生改變，唯一能做的，就是先改變我們的想法和態度。」

我不認為翊廷家裡發生這樣的事是一件災難或危機，我認為這是一個學習和改善的機會，如果因為這樣的事件，能讓我們更了解夫妻或親子關係，從而停止指責和抱怨，用感恩和學習心去面對一切，事情就會變得容易排解。

翊廷沒什麼問題，孩子上了國中，學習方式和態度就必須有所調整，爸媽只看重他的成績，而少注意到他的想法和感受，他用自暴自棄的態度向父母表達抗議，是很合理的情緒反應。

當他在學習適應上遇到了困難，需要的是了解和協助，而非指責和威嚇。一個孩子重視自己的外表和對異性好奇，是青春期成長階段的指標，用賞識、肯定、分享的心，和孩子一起面對自己內外在的矛盾和糾葛，我想會比「管」和「教」有效！

「要怎麼做呢？」

我想面對類似問題，全天下的父母都急著要知道：已經口出惡言、親子不顧彼此尊嚴大打出手，究竟該如何挽救呢？當然，當家庭的互動關係欠佳，我們就要警覺到夫妻、親子都必須有所改變，如果演變到夫妻或親子有言語衝突或肢體暴力，彼此的關係都會因這樣的經驗而深深受傷，有時所受的傷是需要用一輩子的努力來療癒的。

「如果夫妻和親子的愛依然存在，一切都會比較簡單。」

我們還愛對方嗎？先生、太太不夠完美，孩子不如我們的期待，爸媽不夠好，這都是事實，但大部分家庭不都是如此嗎？所以，我們要先承認和面對這一切我們所「不滿意」的，每一個人都在不同的角色學習，每一個人和每一個事件，都是我們生命的禮物和恩典，我們的過度期待會讓彼此受到傷害，因此得先了解生命不需要「完美」，因為我們始終是學習的角色，也無須期待另一半、孩子、父母能做到完美無缺。

我們容許自己的錯誤，也要接納家人的失控，這一切都不是故意的，只因我們對愛的誤解，以為愛是完全的了解、無盡的包容和體諒，然而真正的愛是不斷的經歷和學習。如我們期待時，我們珍惜感恩；不如我們期待時，我們用「心」學習。

「任何事情的發生都是有原因的，只要我們信任我們的愛。」沒有哪件事是危機或困難，我們愛我們的另一半、愛我們的孩子、愛我們的父母，「把我們的愛找回來，許多問題就會沒有問題！」

心動力

危機是什麼？困難又是什麼？我們不願意去面對，也不願意用愛去體諒和感受對方的處境與想法，人生就會出現許多困難和危機。如果我們因為「愛」而存在，眼前所有的一切，都不會是個困難，更不會演變成危機。

時時關照我們的內心，「愛」真的在嗎？

chapter2

激發深層的潛能

生命有許多意外和困難，如果我們了解這些不如我們期待的事，都不是障礙而是上天賜予的恩典和禮物，用珍惜感恩的心去面對它，許多事都會有不一樣的結果。

任何事的發生都是有原因的，而且都會是上天最好的安排喔！

生病也是禮物

我們認識她多年了，她內心裡埋藏許多情緒垃圾。她表面隨和，但內在充滿著矛盾情結，我想幫她一點忙，清理一下她糾結的親子、夫妻的愛恨情仇。

舒恬是我多年的好友，幾年前離婚，最近又得到了癌症，周遭的朋友都前來慰問鼓勵她，並寫了卡片來安慰她，而我在卡片上寫著：妳會得到這樣的病，是有原因的，而且是上天最好的安排。

她看了之後，解讀成她上輩子或是這輩子，一定做錯了什麼事，所以才會有這樣的懲罰。

我無法去解釋什麼，我很清楚未來她會有不同的解讀，因為身心靈是一體的，我們會生病一定是我們的身心靈有了某些障礙，上天要藉著生病，讓我們有機會休息和重新調適。

我解釋這些好像有點多餘，她告訴我，當我或我的親人也得了絕症，我就不會這樣說。

「或許吧！」

每個人都很難為下一個片刻或未來預設想法，我相信這件事如果發生在我身上，我會毫不遲疑的相信它是個恩典和祝福。

人不一定需要很長的壽命，老比死可能更可怕，而在我們年紀尚輕、體能頭腦都清楚時，學習面對死亡，可能會比我們老邁時來得容易。

死亡是每個人都要經歷的，它是生命中很重要的一門功課，舒恬給我們機會和她一起修這門功課。

「別再提死了，你真是『白目』和『機車』！」

我內人受不了我的想法。探病是去安慰病人，要多說些安慰的話，從頭到尾我反而都沒說好話。

我從事的是輔導工作，面對個案，就是要針對問題核心，給予病人正向的引導，而不是講一些讓病人心情更加煩躁的「好話」。

舒恬想想之後，也覺得有道理，從醫生口中得知自己得了癌症，後來只要一想到死，她就會傷心和害怕，所以，她都避而不想，愈不想就愈多困擾。她開始準備死亡那天所穿的衣服，金錢和遺物如何分配……她愈講愈傷心，忍不住大聲的哭了起來，一起去探病的朋友，白了我一眼，原本還不錯的氣氛被我搞成生離死別。大家都忙著講些安慰的話勸舒恬：「癌症不一定會死。」「有許多人得了癌症，還活了很多年，妳一定沒問題的。」

「如果妳知道妳可以再活三年，妳最想做的事是什麼呢？」

舒恬想提早退休，回到鄉下媽媽的身邊，和媽媽一起生活，種種花，看自己喜歡的書，和童年的朋友喝喝茶，不要再為工作、為另一半和孩子煩心了。

她覺得婚姻是她人生最大的錯誤，第二個錯誤是生了小孩，現在的她，只想一個人安靜過著沒有煩惱的生活。說著說著，舒恬心情平靜了一些。

「妳真的期待和妳的媽媽一起生活？」

「不然呢？我又能去哪裡？」

舒恬又哭了起來。我們認識她多年了，她內心裡埋藏許多情緒垃圾；她表面隨和，但內在充滿著矛盾情結，我想幫她一點忙，清理一下她糾結的親子、夫妻的愛恨情仇。這是個大工程，當然她自己要有意願，她才能完全的明白自己生的是什麼病，以及如何得到解脫。

「妳一直都在做勉強自己的事，妳不需要這樣。」

我先從她期待過安靜無擾的生活開始分析：紛擾她的不是任何人，也不是過去的經驗，而是她自己的認知。

她的父親早逝，家中單靠媽媽照顧她和弟妹，她和其他成長中的女孩一樣，都有著自己想要的東西，但舒恬是長女，許多時候她必須佯裝著自己什麼都不想也不需要，偶爾偷偷的滿足自己，她就會有些罪惡感。

她的媽媽不是一個體貼和細膩的媽媽，對舒恬的默默付出不僅沒有感恩，反而更視為理所當然，要舒恬和她一樣對家庭完全的犧牲和奉獻，她雖不盡同意，但她受媽媽的影響甚鉅，仍然努力去做一個付出的多、要得很少，聽話懂事的好女兒。

然而故意嫁給一個媽媽反對的對象，似乎有點在懲罰她的媽媽，婚後也充滿了波折，她從不了解自己怎麼會嫁給一個不曾真正愛過的男人，婚姻過程中，她曾試圖努力去愛這樣的男人，但十幾二十年下來，這個親密的男人，始終像是個有距離的陌生人，兩個孩子也是如此，儘管自己照顧孩子是那麼的無微不至，他們卻總有著隔閡，她很羨慕別人家的孩子會抱著媽媽親吻撒嬌。

她在家很孤單，全家人也都很孤單，幾年前她的先生出現外遇，她表現出極度的衝突，她深知要做一個明理的好女人，卻又不時的「抓狂」做些讓周遭朋友和同事震驚的事。她不甘心自己付出那麼多，先生卻背叛她，這些年舒恬活得非常的辛苦，覺得很累、很累！

我就這樣叨叨講述舒恬的家庭背景，說的是一些平時聊天她透露出來的訊息，但大部分我是以自己的感覺所做出的描述。

舒恬沒有任何的辯駁，從頭到尾幾乎都淌著淚水，然而舒恬原本陰沉憂鬱的臉，隨著我的話語，舒坦和平順了許多。經她驗證，我的描述接近了九成的事實，與她內在的心路歷程，幾乎百分之九十九的吻合。

「為什麼你可以猜得那麼準確呢？」

我不是猜，而是用「心」所感受到的。每個人的身上都有磁場，奧妙的是，這個磁場又如同電腦的硬碟，記錄著我們生命中的種種經驗。我有二十餘年的輔導經驗，每天都在和人接觸，久而久之對人就特別的敏銳。

幾年前的初次見面，我就感覺到舒恬可能有許多問題，然而我沒有機會可以去分析和解釋。由於這次她的罹病，我感覺這是打開她生命黑盒子，讓她清楚和了解自己的時候。她已走到了生命的牆角邊，她會很有耐心的隨我來「讀懂自己」。

「我就是歹命！」

錯！只有少數人的生命是一路平順舒坦（我的內人就是其中之一），大部分人卻都不是如此，如同行的另一位朋友，一邊在聽我講舒恬的成長歷程，一邊心有戚戚焉的掉下眼淚。

人的生命本來就充滿著波折和坎坷，而我們必須有這種體認——生命是個經歷，沒有好或不好。我們無法改寫劇本，但可以重新解讀和詮釋，如何讓現在和未來的生命如同自己期待的生活。

「妳如果貿然的回鄉下和媽媽同住，這將是另一個苦難的開始。」

舒恬的媽媽習慣一個人生活，雖然少一些生活照顧，但她不是一個容易親近的人，到她家短暫作客還可以，若要和她一起生活，大概只要超過半天，就會讓人想離開。

「盧老師，你為什麼這麼神？」

舒恬露出了難得的一笑。

「媽媽這輩子和舒恬一樣都很辛苦。」

舒恬會想回到媽媽身邊，就是心疼辛苦的媽媽，但她內心裡並不是真的想與媽媽同住，只是不依靠唯一的親人，她就沒有地方去了。

我幫得到舒恬，卻幫不到她的媽媽，她的媽媽很久之前已經喪失聽力，而她累積一輩子的情緒，會在相處時不斷的說、不斷的倒垃圾這些過程中，帶給舒恬不同的生活壓力。

「她的病會好嗎？」一起同去的朋友，以為我是算命先生，這些是醫生才知道的事，我怎會知道呢？我只知道舒恬愈懂自己，她就愈可以和自己相處，她生命中就會愈少障礙，愈多的愛和希望，至於病會不會好就不是那麼重要了。

心動力

讀懂自己是何等困難的事，我也只是個容易懂別人，而常讓自己陷入情緒糾葛的普通人。

要了解自己，就是要清楚知道自己的平凡和無知。我要舒恬感恩這場病，因為它，讓生命安排出了一個短暫的休息站；因為生病，讓生命碰到了必須重新檢視自己的障礙。如果我們能夠了解生命是個自我學習和自我提升的旅程，從「心」了解自己，再度的從「心」出發，生病就會是一個難得的恩典，會給我們一個新的生命認知。

每個孩子都是來報恩的

身為爸媽的我們認為，任何孩子都有成功的機會，只要他不放棄努力。而爸媽是孩子最重要的啦啦隊，無論什麼時候，給他的都是正向積極、永不放棄的掌聲。

許多人都很羨慕我有一個特別的孩子，從小到大沒有跟別人吵過架，到了高中還願意和爸媽手牽手走路。

或許你會認為我的孩子長不大，事實上正好相反，他有很好的自我管理能力，很有自己的想法，小時候就開始探索自己未來的方向，更能為自己做最大的努力。讓許多父母驚嘆的是，他動作溫和緩慢，每天幾乎都睡足八小時，除了上學，每天奉行「家」、「書」、「動」（做家事、讀課外書、運動）的生活準則，二〇〇八年還以第一志願考上建國中學，雖然課業繁重，但每週至少都維持三天以上的「家」、「書」、「動」。

我看孩子的入學自傳，未來的志願是台大物理系，還要進麻省理工學院，成為一位傑出的大學物理教授。他在家偶爾會因動作實在太慢或迷糊脫線，被我們嘮叨一下，一般來說，他很少有機會讓我操心。

如果你也期待家裡有個來報恩的孩子，以下是我的分享；我事先聲明我不是炫耀自己是個親職教育或潛能開發的專家，而是請父母多多了解孩子的特質，並能找到適合的方式。放輕鬆，讓親子好好的過每一天的生活。

一、賞識孩子的獨特

我的孩子自出生，發展就比一般人慢，小手小腳、吃得少、動作慢，學習能力也不如其他小朋友，尤其是記憶方面，最大的特色就是過目即忘，經常讓當老師的媽媽為之氣結，學寫國字，只要第一次錯，就會重複的錯，而且忘的速度往往比記的速度快。

但這孩子有個優點，由於自己不夠聰明，學習總是很專注和用心練習，剛開始的學習成績都落後別人一大段，要一陣子之後才能跟上，而一旦熟悉之後，他就展現出實力，往往令人有意外的表現。

他是個聽覺型和思考型的孩子，用聽的學習速度遠比看的快，給他答案教他怎麼做，還不如給他問題，讓他自己去摸索。爸媽的角色，就是多等他一下，多給他一些時間；人生如此漫長，何必急著要馬上學會什麼呢？

二、鼓勵孩子勇於嘗試

我的孩子，特質就是謹慎保守，不輕易嘗試新的事物，他眼中的瘋狂老爸，就扮演帶他和媽媽上山下海冒險的角色。

我的想法是：孩子豐富的生命來自多接觸、多經歷。在他幼稚園時，我們就開始四處旅行、露營和騎單車；國小畢業時，父子還完成了自行車環島，他還把它寫成《陪你去環島》一書；後來我們還泳渡了日月潭，而原先計劃要登玉山、騎單車橫越加拿大，都因一些瑣事暫時擱置。

我們經常聊的不是要怎麼讀好書、有好成績，而是玩樂的目標是什麼。玩樂過程中，其實就在累積孩子的生命素材，兩次基測他的作文都是滿級分，常見他把一個平凡的題目，寫得生動有趣，我想若無足夠的生活經驗是辦不到的。我們一直認為玩比讀書考試重要，孩子的興趣十分多元，卻很清楚自己的方向和目標！

三、正向積極思考的習慣

孩子的成長不是「試試」如意，他上建中後的第一次數學考試只考了四分，他竟然很興奮的講述給我們聽，這個經驗讓他充滿了挑戰的動力，因為愈難愈有趣，愈失敗就表示這件事愈值得去努力。

他的口頭禪是：「安啦！任何事都會是上帝最好的安排！」他不是班上成績最

好的一個，但他總會堅持到最後，才表現出真正的實力。

身為爸媽的我們認為，任何孩子都有成功的機會，只要他不放棄努力；而爸媽是孩子最重要的啦啦隊，無論什麼時候，給他的都是正向積極、永不放棄的掌聲。孩子的優秀是不需要比較的，他一直都很獨特。要記住：爸媽的態度決定孩子的態度喔！

四、永遠的學習

因我孩子「大神經」，生活中常常會有脫序和疏漏，而他總認為做錯事被罰，也是個學習機會，掉了東西或是忘了什麼事，惹出了大麻煩，他也總是微笑以對。

什麼事都是好的，什麼結果都是特別的，他認為人生多滋味，為什麼一定要選擇這樣或那樣呢？沒經歷過的都能豐富自己的經驗，要珍惜和感恩。

小時候他可以毫無準備就上台表演，成長過程裡，他勇於參加各種比賽和活動，雖然都沒得到什麼特別的獎項或優勝，只因有參加，他就擁有不同的學習機會，很自然的，他就對自己更有信心。生活中沒有其他，一切都是因我們的學習而存在。

五、陪孩子一起學習成長

孩子需要學習，父母也需要學習，我有一本書，書名是《教養危機》，內容寫道：孩子長大，父母如果沒有跟著成長，到了孩子青春期以後，父母就準備吃苦頭。

沒有人天生會當父母的，我們因結婚而學習與另一個獨特的人親密生活，因有孩子而學習做幼兒、兒童、青少年、青年的父母；學習是無止境的，用學習的心陪孩子走一段成長之路，也因孩子而有機會重新了解自己及我們的父母，並豐富我們的生命領域！

感謝上天的恩典，讓我們有機會學習父母這個角色，也感恩生命中的意外和不如期待的種種。這個世界的許多衝突和不同意見，將使我們知道每個人的獨特需求和期待。感恩我們的孩子、另一半和父母，感恩我們周遭的一切，因為感恩，所有的一切都會是恩典和禮物。

心動力

許多人喜歡聽名人或專家講述成功之道或是教養祕訣，如同上述我的分享。各位可能會認為我就是一個滿分的爸爸，事實上不是這樣的，生命不能單靠一些想法和原則，而生活是接續的歷程，不管專家或名人，其實都和我們過著類似的生活，許多事都在轉眼間被拋到遠遠的記憶深處。如果生活中有特別的經驗，不論好或不好都應感恩它的特別，讓我們留下難得的記憶。

年輕時會把許多事看得異常重要，如男女之間的聚散愛離、考試或工作的順遂與否，年紀漸長之後就會發現，那些當時看似重要的事，一旦事過境遷，一切都會煙消雲散了。

生活在一起最久的室友

一個夠成熟的人是改變自己去面對問題，而不是期待問題的改變。

智珍是我朋友的媽媽，現已六十多歲了，有一天她來找我，問我如何打離婚的官司，原先她辯稱是為了朋友而問，後來才承認是自己和先生生活在一起很痛苦，她想離婚。

對我而言，這是很特別的經驗，因為她和先生生活了四十年，前一陣子我才受邀參加她小女兒的婚宴，她的大兒子也有兩個可愛的小孩子，她也很喜歡這兩個孫子。

「是遇到什麼問題嗎？妳發現先生有外遇嗎？」

「什麼事都沒有，只是兩個人生活這麼久，覺得很痛苦和厭煩。」

結婚四十年，夫妻都沒有什麼越軌的事，也沒什麼特別的意外，所以一直相安無事的同處一個屋簷下，如今小女兒結婚，離家生活了，她覺得夫婦倆再也沒有什麼理由需要在一起。

剛開始她對自己突如其來的想法覺得害怕和擔心──兒女會怎麼看待她呢？

她和大女兒談過，大女兒覺得何必要這麼麻煩呢？她和先生已經分房睡覺十幾年了，平時各過各的生活，就像室友一樣，離不離婚又有什麼差別？而且她離婚之後並不想搬出去住，還是住在同一個屋子同一個空間，過著和沒有離婚一樣的生活，離不離有什麼不同嗎？

可是她和小女兒談過之後，看法就不同了，「離啊！既然離不離沒什麼差別，幹嘛掛個夫妻的名分，有一堆牽扯呢？離了婚未來想改變再結婚，不就好了嗎？」

我好奇的是，離婚和不離婚，對智珍有何不同呢？

她告訴我，四十年來，她為先生做了許多事，承擔了許多責任，而她的先生都認為一切盡是理所當然。她本無抱怨，畢竟夫妻是一體的，可是四十年之後，她終於無法忍受先生的自私和自我中心，她把家庭維持好是應該的，一有不如他意就破口大罵，罵她是笨女人！沒見過世面！什麼都不懂！他經常罵她笨得像豬一樣，活在這個世界只會燒菜做飯，一點用處也沒有。

「講這樣的話的確傷害一個人的尊嚴，妳都怎麼回應他呢？」

「只有笨得像豬的人，才會娶豬啊！」

我開玩笑的說：「智珍妳也沒吃虧的罵了回來，不是嗎？夫妻難免都有一些相處時的不愉快經驗，而事情有嚴重到非要辦離婚不可嗎？」智珍一時也不知如何表達累積多年的複雜感受，所以她不想多說，只要我告訴她離婚之後怎麼辦。

我想也是，如果只是辦個離婚手續，她就可以解脫了，從此過著她要的生活，我有什麼理由關心她那麼多呢？我就把兩願離婚和訴請離婚的一些規定簡單告訴她，我這才知道離婚這件事，她從未和先生談過，原因是她怕先生受不了。

長期以來，先生都以為她需要他，沒有他，她會活不下去，如果先生知道她未曾真正愛過他，他給她的痛苦比愛多更多，那該怎麼辦……再加上她又有一些顧忌，她的先生最近檢查出患有胃癌，她不是那種沒感情的人，若提出離婚的要求是不是又太不近人情了呢？

「得了癌症？那就不用離婚了，他不久就要死了，妳不就自然成為單身了嗎？」

智珍的想法很獨特，就是因為這樣她才想要離婚；她不要成為寡婦，不要成為未亡人，若離了婚他才去世，她可以站在朋友或室友的立場，不必為他痛哭、守靈。

「他們家這邊有很多三姑六婆、多嘴多舌的親戚！」又沒住在一起，先生死後，他們頂多只是來祭拜一下，不要告訴他們太多事，甚至不要請他們來也可以。

可是智珍的思維存在著傳統和反傳統的兩極，糾葛在這些矛盾當中，以局外人的角度來看，她就像是一個手裡黏了糖，又故意去沾毛線球，自找麻煩的人。和她談了一個多小時下來，我覺得好累！

「只要妳先生同意在離婚證書上蓋章，再找幾個證人蓋章，接著到戶政事務所辦理後續事務，就這麼簡單。」

要她先生答應，這有點麻煩，她回家之後會去談看看，而我比較好奇的是，什麼樣的人，才是她理想中的丈夫呢？

「要溫柔、體貼、有責任感、會說些好聽的話，我要的就這麼簡單。」

我忍不住大笑出來，世上真有這樣的男人嗎？如果沒有，我們卻要以這個做為好先生的標準，不是在折磨自己嗎？她結婚四十年，居然出現這種想法，這和一個準備要結婚的小女孩，好像沒有太大的不同。

智珍對我的反應大大的不以為然，事實上，夫妻相處也絕不是完全如我所想的，它是個共同生活，它是各種不同經驗所累積出來的感覺，與其改變先生，她為什麼不試著先改變自己呢？

「我已經改太多了！」

一個夠成熟的人是改變自己去面對問題，而不是期待問題的改變，這是我最近學習到的新觀念，我提出來和智珍分享。

我不影響她的想法，我只希望無論離不離婚，她都應該過著快樂幸福的日子。先生有太多不如她期待的地方，她就不該繼續堅持要他改變，而試著改變自己可以調整的部分，譬如，想像和她一起生活的男人不是先生而是室友，他工作賺錢，她為他洗衣煮飯，打掃房間，兩個人各取所需，各有各的房間，各有各的想法和領域，彼此又有共同的朋友，也有共同的相處時間和話題，例如，「晚餐吃些什麼？」「垃圾該誰去倒？」這樣的關係不是很好嗎？

「唉，說的也是，離婚看似簡單，但每個人都來關心，解釋起來還真煩人！」

看來智珍考慮打消離婚的想法，我接著分享一些我對婚姻的看法。為什麼兩個個性相近的人或是兩個完全不同性格的人，有的可以相處得很好，有的卻相處得很不好呢？

其中關鍵因素不在性格或特質，而是認知和期待。

我們認為兩個相愛的人，要一起生活，心理一定要先有所準備，因為彼此都會有些或大或小的差異，別企圖要說服或改變別人；要讓自己覺得幸福和快樂，也必須設法讓對方覺得幸福和快樂。每個人都有優點和長處，相同的，每個人也都有缺點和壞習慣，更重要的是，每個人每一天都會有變化，相一年前和十年前絕對不會相同。

我們在成長和改變，對方也是一樣，如果我們死盯著我們在乎的缺點，要對方改善。若對方改善了，我們都認為理所當然，若不改善，就常拿「雞毛當令箭」大吵大鬧，這樣要共同生活，當然會很痛苦。台語常說的「互相」，就是給彼此多一些體諒和多一點關心，我對對方好，多賞識與肯定對方，對方也會回饋給我們正向訊息，要相處就容易多了。

兩個要相處一輩子的人，怎麼可以不把「他」看得重要呢？只要對方有一點心情波動，我們就要將溫暖的手伸送過去，更何況是對方生病或得絕症，這時應該是陪伴對方度過他最辛苦的歲月。未來如何都不重要，至少他現在最需要的是我們的溫暖鼓勵，怎麼可以任意離棄或無端增加對方的心理負擔呢？如果真要離婚，我建議好好的看顧她先生，等她先生完全康復再談也不遲。

智珍眼淚滑了下來，告訴我今天當做她沒有提過離婚這件事。

這已經是許多年前的故事，她的先生經過治療，病情也穩定許多，夫妻倆到目前為止相處還算融洽，至少是名義上的「夫妻室友」！

心動力

夫妻是生活在一起最久的室友，不是嗎？對待這樣特別的室友，就該有特別的「優惠」，容許對方存在一些改不掉的小毛病，也可以擁有一些和我們不一樣的想法和感受。

因為我們是最親密的室友，所以，對方有再大的不是和過錯，我們都必須願意學習諒解和支持對方，如果以此來定義夫妻關係，我想應該離婚率會低一些吧！

婚姻是個學習的歷程，學習就是去接受、去理解，這樣我們才有省思的機會，所以，遇到任何問題不能夠老是退縮或逃避，而是要積極的思考，我們可以從中學到什麼？如何自我提升呢？

誰是冤親和債主？

佩宜也不喜歡媽媽的處事風格，可是不知道為什麼，她卻不自覺拷貝媽媽的特質到自己身上。

佩宜是我們認識很久的朋友，有一天她告訴我們，她要結婚了，而且製作了特別的請柬給我們，我們也給了她大大的祝福。朋友之中，有些太太和媽媽便語重心長的給她一些建議。因為佩宜一直給我們的印象，就是心直口快，性格直來直往，這些朋友告訴她，結婚不是和另一個人「結」，而是和另一家人「結」。

與另一半相處是比較容易的，因為經過戀愛歷程，基本上是基礎穩固的，但公公、婆婆、姑嫂、伯叔，還有未來孩子之間的問題會層出不窮，而且她要嫁的是一個大家族，大家都有些為她擔心，但她十分不以為意。

「這是什麼時代了，我才不管這些。結婚是兩個人的事，我們兩個相處好就夠了。」

聽說她結婚的第一個晚上就和婆婆嗆起來，以她的作風，是不會理會你是誰，她只管自己心裡的想法和感受。只要進家門，她就直接回自己房間，飯也少和大家一起吃，因為要和全家人一起吃飯是一件很累人的事，逢年過節她能閃就閃，先生告訴她，她這樣帶給他很大的壓力，她卻毫不諱言的回應先生，這是你家的事，你要自己去擺平。

她的想法很特別，她若要在乎這些人的想法和感受，她不就不用活了嗎？她婚後生活似乎未受影響，但我們私底下和她聊聊，她覺得結婚之後成為失去自由的囚犯，她很不願回家。因和公婆同住，住家雖然比一般人家大上許多，可是她的自由活動範圍僅限於自己的臥室，只要一出臥室，她就覺得渾身不舒服，想以最快的速度逃回自己的「家」。

其他的親戚都住上下樓和隔壁，這教她更希望能夠有個在外獨立的家，不過限於經濟條件，她只能暫時委屈窩著。我們很好奇她到底有沒有和姑嫂發生衝突？

「這些人我從小看多了，我媽媽就是大家庭的媳婦，我才不要唯唯諾諾的委屈過日子！」

姑嫂都曾主動的表達關心，她卻都刻意和她們保持距離，許多事她會迴避，裝做不知道，因為她從媽媽的經驗中得知，只要和她們相處熟了，麻煩就會一大堆。她習慣用「冷處理」，不笑也不回應，反正自己遲早要搬出去住，以後見面機會也不多，有事她先生出面就可以了。

「妳真有辦法！」

周遭一些資深婆婆媽媽都不認同佩宜的做法，畢竟是一家人，要相處的日子長得很，何必自我封閉呢？今天妳不理別人，明天有事要請家人幫忙，就會很難。可是大家都知道，佩宜不容易聽人勸說，這只好讓生活經驗去磨練她吧！

隔不久佩宜就懷孕了，大家覺得佩宜的苦日子即將到來，我最近見到她，她已經沒有以前的酷樣，因為她覺得嫁到一個沒有溫暖和關懷的家。

她懷孕不舒服，大家竟視若無睹；她提重物上樓，鄰居或陌生人都會關心她，而先生的這些親戚，竟都當成沒看到；她噁心、嘔吐被嫌骯髒；產檢時先生出差，甚至找不到一個可以陪她的人。她心想如果要生小孩，同住一起的公公婆婆可能也不會理她。

她有些賭氣，故意做運動想讓孩子流產，她認為這個孩子是先生家族的血脈，他們都不關心，生下來還有什麼意義！朋友看到這樣的情形，實在忍不住規勸她，如果將來孩子生下之後出現問題，最後吃苦受罪的還是佩宜。

大家覺得她結婚兩、三年了，應該知進退、懂分寸，然而她還是抱怨和指責，朋友們幾乎都要成為她的垃圾桶。

有一天聚餐閒聊，大家都忍不住的希望她改變自己的風格，否則往後她的苦惱會愈來愈多。

「抱怨是沒有幫助的，妳怎麼對待別人，別人就會怎麼對待妳。」

這是一位已經當婆婆的朋友提出的建議，希望她重新經營家庭關係，找機會就向家人認錯。

因原生家庭的影響，造成佩宜不容易接受別人的善意，而且她極力辯稱自己並沒有做錯什麼，何必道歉、何必示好呢？

「如果妳不滿意妳的家庭，妳就要設法改變自己。」

大家有點看不下去，因為她再這樣一意孤行，連我們這些朋友都失去了，她會更無助。大家很樂意幫她，是因為自她大學時期我們就認識了她，覺得她本性與能力都很好，唯獨刀子嘴豆腐心、得理不饒人的習性，讓人十分受不了。

「如果想要別人把妳當成家人，妳就要先學會把別人當成家人，每一天每一時候，都用心去經營。」

因我們也認識她夫家的幾位家庭成員，我們都覺得佩宜滿幸運的，嫁到的是好人家，可是這些親友對佩宜的評價，是這個家的「冤親債主」，本來一家人相處都平和愉悅，沒料到佩宜一進這個家門，就把家族弄得烏煙瘴氣，大家都希望她在聚會時能夠缺席，因為有她在，大家不知道聊些什麼；大家也曾努力的改善和她的關係，偏偏她的想法就是這些親戚是多餘和難搞的。

「我們能怎樣呢？」

這是佩宜周遭的朋友常說的話，而最辛苦的應該是佩宜的先生，他像夾心餅乾一樣，兩面不是人！

「佩宜不適合結婚。」

這是朋友們私下的共同結論，可是已經結了婚，而且小孩馬上要出生，這該怎麼辦呢？

「做佩宜的孩子一定會很可憐。」

媽媽沒人緣，孩子也別想會和別人結好緣；大家都很關心，但都不知該怎麼辦。最後這些好朋友，把希望寄託到我身上，希望我找機會和佩宜談談，而我也覺得佩宜是該有所成長和自我提升的時候了。

「大家都很關心妳的婚姻狀況，希望能幫上一點忙。」

佩宜在大家建議之下，和我約了時間，一見面我就表達大家對她的關心。她覺得自己很委屈，從小就不得父母的喜歡，和兄弟姐妹也處不好，好不容易遇到愛她的人，希望婚後能過著幸福快樂的兩人世界，她也很珍惜能嫁到體面的家庭。

但她媽媽的人際關係很差，親友鄰居都敬媽媽如鬼神，常為了芝麻綠豆大的事情和別人結怨，她也不喜歡媽媽的處事風格，可是她也不知道為什麼，不自覺拷貝媽媽的特質到自己身上。

「妳希望過什麼樣的生活呢？」

佩宜想了又想，她無法具體的說明，我希望她從周遭認識的人，找出一個自己喜歡或希望成為的人。她說她希望成為我們朋友中的那位林阿姨。

「為什麼？」

佩宜眼中的林阿姨，曾經被佩宜認為是很會「做公關」、很「假」、很會「演戲」的人，和她相處時間久了，佩宜發現林阿姨其實是個很有原則和想法的人，只是她不喜歡為了一些小事，破壞良好的人際關係。林阿姨的口頭禪是「大家快樂最重要」，而佩宜一直都是把自己放在最優先，她的需求和感受才重要，不在乎別人怎麼想。

這些日子以來，她漸漸覺得周遭人的快樂與否，似乎會影響自己，當她想找人說話時，卻早已把周遭的人得罪光，通常都得不到好臉色，因此她只好繼續躲進自己的小城堡，繼續做自己的「小烏龜」。

「我可以怎麼做呢？」

佩宜心中的慌亂，我可以感受得到，尤其她又即將生產，心情和身體狀況是很重要的。我覺得她既然認同林阿姨，便找林阿姨一同前來，她一定會給佩宜一些有用的建議。

我先說我的看法，佩宜要主動向公婆致歉，並協助自己學習融入家務，再主動的向住在上下樓的姑嫂求助。沒有一個人會不接受一個把姿勢擺低，向自己表達歉意的人，人的本性都是希望給別人機會，得到別人敬重的。

林阿姨也有類似的建議，她要佩宜記住每一個家人的生日和喜好，善用每一次家族聚會，送送小禮物和小卡片。另外還有個好方式，就是關心親戚的小孩，取得孩子的喜愛。

別怕麻煩，在日常生活中，不斷投資人際資產，一、兩年後，情況自然就會改觀；再者，林阿姨要佩宜多請教旁人，常保一顆學習的心，大小事都詢問別人，並適時表達感謝對方不吝於分享，而且要一事多謝。

把家人都當成老師，才容易得到關照；自以為是和用氣勢逼迫他人者，會得到無情的攻擊和排斥。

因為長期的苦悶和衝擊，佩宜這次真的下定決心改變自己。她生產之後，我們一群朋友去探望她，一開門見到她的婆婆和姑嫂都在病房照顧她，而且她臉上也散發出光采。

她告訴她的家人，因為我們這些好朋友，讓她知道她有最好的家庭依靠，並懺悔自己過去的不懂事，不知道婆婆為她做了許多事，也不知道姑嫂一直都在暗中幫她。

婆婆忍不住掉下眼淚，佩宜先前的表現，讓她一度懷疑自己是惡婆婆，直到最近佩宜的改變，讓她好高興，因為她一直都把佩宜當成女兒來疼，只是不知道佩宜為什麼不喜歡她。最後婆媳擁抱在一起，在場的人都忍不住紅了眼眶。

「婆媳有什麼問題嗎？」

回來路上朋友七嘴八舌的圍繞著這個主題，大家似乎有了共同的結論：想要改變別人，就要先改變自己！

心動力

從原生家庭嫁到另一個家庭，相處起來，這可真是一件很不容易的事，這也是男女在婚姻適應上的最大差異。如果換一個角度想，因為結婚，女性比男性多一些學習和成長的機會，多一些認識自己和自己原生家庭的機會。

如果我們能搞定自己沉浮不定和對他人的敵意防衛，我想每一個人都是容易相處的。婆媳不是冤親債主，而應是彼此結了好緣，要來報答對方恩情的人，前提是我們如何懂得經營家庭的互動關係喔！

福報

在學校時，大家都滿懷理想，希望有一天能闖出自己的一片天，現在我們所想的卻是如何擁有屬於自己的時間及家人相處的快樂。

承彥是我大學同學之中運氣最差的一個，畢業後分發到最辛苦的單位，又遇到一個操守有問題的主管，自己也受到了牽連，纏訟多年所幸最後被判了無罪，但這幾年因涉案起訴而被暫停職務，他只好在民間機構任職。

他的第一個工作是擔任保全督導，然而部屬利用職務之便捲款而逃，他又無端的遭受牽連，雖無刑事責任，卻因行政疏失被記一大過，必須自動請辭。幾年以來大家都沒有他的消息，直到被判無罪，得以復職之後，同學才又再聯絡到他。

他到台東的鄉下工作，沒有專業，也不懂經商，只好跟著朋友一起種些水果，來不及收穫之前，就被颱風颳得一乾二淨，把僅有的一點積蓄用盡了，還欠銀行一堆債務。於是他回到原來的職務工作，恢復原職本是一件高興的事，而他發現同學都在各種不同的環境歷練，職位早就三級跳，他還得待在最基層擔任幹部，儘管附近任職的同學得知他即將復職，辦了場餐會為他慶祝，應邀出席的他明顯的比其他同學憔悴，我實在不忍心多問他什麼。

「能夠平安是最幸福的！」

原本他在一審被判十年徒刑，而今他覺得自己撿到了十年的青春，他確實很感恩，可是這幾年他過得十分惶恐和不安，做什麼事都不順利，每天都在祈禱案件能快點結案，能夠早日過正常生活。

能夠復職他已經很高興，更高興的是這幾年來，同學沒有因為他涉案而疏遠。重新坐回辦公室的承彥，更加謹慎處理職務上的各種人事物，他知道會繞如此大的一圈，是因為他自己未能克盡職守，為了避免得罪長官，而讓許多事矇混過去；他再重新任職，已沒有什麼崇高的理想和志願，只想有份工作，可以把生活和家庭照顧好，因此只見同學每每有升遷和調動機會，他則始終在基層做一位科員。

在一個偶然機會下，因為業務關係，我和他有了見面機會，他已和剛復職時模樣完全不同，神清氣爽，讓人感覺年輕而有活力。

他半開玩笑的說，職位低責任輕，按規定上下班，沒事就養成運動的習慣，生活非常的單純規律。

我拿了一張最近同學聚會的照片給他看，而他幾乎認不出誰是誰了，一帆風順的同學早已是機關首長或單位負責人。

承彥告訴我，他早已不在乎這一切了，只要平安，把家庭和孩子照顧好，什麼職位都不重要；薪水少家用就簡單，職位低時間就多，沒有應酬和額外花費，有足夠的時間每天運動，他雖已四十幾歲，還和年輕人一起參加鐵人三項，並且跑完全程。

「過去的災難，讓現在的我賺到了真正的富有和幸福。」

看他臉上洋溢著光采，雖然歷經了風霜和打擊，他依然沒有怨恨，只有滿滿的感恩。我剛開始以為是宗教信仰影響了他，後來才了解到，影響他最大的是工作。

經常要看著一些有頭有臉的人物，因涉及弊案而被收押，看他們在檯面上意氣風發，被收押時反而流露的怨恨和不平，他就明白了。許多事不用太計較，有一份工作和健康，可以養家活口，可以自由生活，就是富有。

我們聊天時談到一些同學的近況，才知道有幾位同學受傷了，有同學病逝了，也有同學升官和撤職了。

人生境遇難以預料，從前還是一起嬉鬧玩樂的夥伴，經過二十幾年的浮浮沉沉，什麼是幸運，什麼又是不幸呢？有人得意官場，卻在議會被民代羞辱到尊嚴蕩然無存；承彥擔任的職位較低，晚期的學弟都當他的長官，他也覺得沒什麼好在乎的，他拒絕了幾次升遷機會，因為要「升」就要「遷」，要和太太、孩子分隔兩地，況且他覺得多一點薪水也不夠補貼往返車錢。

他說他做到退休可能都是個科員，而我告訴他，我也一樣，二十幾年來，做的是同樣的工作，沒有任何升遷和變化。

看起來我們是沒有「多得」的人，但我們也沒有「少賺」，因離家近，可以固定上下班，夫妻間有良好的情誼，和孩子有著許多共同成長的經驗，我們兩個人的孩子在青春期都沒有出現叛逆情形，這沒有其他原因，只是每天相處時間多，互動關係良好，親子建立起默契，都了解彼此的需求。

成就是什麼呢？掛在名字前面的頭銜嗎？還是擁有的權力和金錢呢？而什麼才是真實的呢？頭銜往往在轉瞬間，就會被加上一個「前」字，權力如果不濫用或拿來欺壓別人，權力的佔有只是責任的增加。

這些年來，我體會到有權力才有機會做大事，然而權力並非如同想像般美妙，許多事情不是權力可以解決的，我們需要的是熱誠和用心，而權位常會讓人心智受創最深，所以我寧可做一個什麼權力都沒有的人，可以自由自在不受別人的注意和指點。

沒想到來拜訪承彥的過程，我們的對談如此投機。

在學校時，大家都滿懷理想，希望有一天能闖出自己的一片天，現在我們所想的卻是如何擁有屬於自己的時間及家人相處的快樂。

工作上的成就不是顯現在職位的不同，而是我們在這個工作上有無學習和成長。

因為這樣，我和承彥就有了進一步的聯繫。我們都喜歡運動，經常相約去騎車、跑步和游泳，我們相處愈久就聊得愈深入。

我很好奇，他涉案停職的那幾年，是怎麼熬過來的。他說他很感謝教會的教友們，陪著他一起懺悔禱告。當初他參加一些宴席，收了一些禮物，他自己一開始覺得不對勁，由於當時才剛畢業，初任職務什麼都不懂，長官要你做什麼，你就得做什麼，誰知道主管利用他做了一些違背職務、圖利他人的事，因此他被列為共犯。

他雖很不甘心，冷靜下來想一想，其實早就有學長暗中警告他要多注意他的主管，是他自己沒注意。被撤職之後，因同學的介紹來到保全公司工作。

這份工作看似單純，事實上很複雜，手下的保全人員來自不同的背景，專業訓練也不夠，沒什麼紀律，更談不上操守，每天提心吊膽領薪水領得很不安心。

在台東種水果是他比較穩定的一段時間，每天都有做不完的粗活，醒過來就工作，天晚就回家休息，每天看著苗種長大，就像看著小孩，誰知道幾年的心血，一次風災全泡湯了，如果不是可以復職，他現在可能還留在台東種水果。

因工作時沒什麼人可以講話，他已經習慣保持緘默，並建立和自己靜靜對話的習慣，沒想到再度遇見我，兩個人聊得很開心；承彥已經很少和別人聊天了，和自己相處對承彥而言是件快樂的事。

他現在的工作是事務性的檔案整理，與人接觸並不多，所以他做得很開心，我十分疑惑在學校他辯才無礙，八面玲瓏，和現在的他判若兩人。

其實我也是，我很感恩做了自己喜歡的工作，因為職務上沒有升遷的壓力，又有很大的自主空間，這幾年我也是樂於工作。

我們都覺得工作職位不在高低，適合自己最重要，想當年我畢業後也是諸事不順，考研究所屢次落榜，許多機遇都是擦身而過，原以為是自己福報不夠，現在回想起來，上天早有祂的安排，讓我們在最適當的時候，做最適合自己的事。

承彥如果沒有這場官司，他大概仍在四處飄泊呢！而我如果幸運，考試順利，今天可能從事的是我不喜歡的事務和職位，無法脫身啊！

心動力

什麼是上天最好的安排呢？現在我們無以得知，若未來十年、二十年後看待今日，我們一定會覺得此時此刻，是人生最幸福的一段。

珍惜現在，不論我們是惡運當前，還是鴻運當頭，不久的將來，這一切都只是回憶；只要能平安和健康的過著生活，其餘的都是福報。

chapter3

釋放你思想的枷鎖

不論你現在處在什麼樣的位置，做什麼樣的事，你的想法都將決定自己下一片刻的命運！這一單元想讓大家一起重新改寫我們的字典，用正向積極、更寬廣的詮釋重新定義；我們使用什麼文字，就改變了文字定義，我們會創造出全新的視野和機會。我們一生中最大的敵人，就是我們自己所使用的文字，它會限制我們的思考，否定我們自己，也讓我們的人際互動發生想像不到的困難和障礙。沒有什麼是對或錯，只有此時此刻，我們選擇的定義是否合宜。如何善待自己，也讓別人好過呢？就看我們如何定義這些生命中的文字。

要說實話

佑婷覺得媽媽管太多了，她更無法容忍：媽媽怎麼可以隨便開她的電腦，翻閱她私人的檔案呢？

佑婷是我朋友的女兒，從小一直都是父母疼愛的孩子，上了高中因網路結識了一位男性朋友，她怕父母擔心，一直未告訴他們，自己有一位不曾見面的網友。

當媽媽上網不小心發現這件事，知道他是一位已婚並育有子女，而且已經三十幾歲的「熟男」，因此擔心佑婷會被騙或受到性侵害，等到佑婷下課回家，媽媽情緒激動的責問佑婷有沒有結交網友，是不是做了不該做的事，佑婷在不清楚狀況之下，否認自己沒有網友。

媽媽打開電腦指證歷歷，要佑婷承認，佑婷解釋那不是什麼網友，只不過是一時好奇上聊天室和別人聊天而已，媽媽覺得佑婷沒說實話，交談內容還極度曖昧，而且每天持續進行聯絡。佑婷覺得媽媽大驚小怪，同時上聊天室的人，又不只她一個，她因好奇而講出自己的想法，這沒什麼大不了。

媽媽看到佑婷一副不在乎的模樣，語氣有些輕蔑，媽媽氣急敗壞，失控的提高了說話的語調：「妳為什麼要說謊？妳應該知道，媽媽這輩子，最難容忍的就是說謊。」

「我沒有說謊啊，不信妳上聊天室看看，少見多怪，我懶得理妳！」

佑婷說完準備轉身離開，媽媽一時情急，打了佑婷一下耳光。

「佑婷，妳讓媽媽太失望了！做錯事還不知道要認錯，不要等妳被強暴了，才會知道這個社會有多黑暗！」

這一下耳光，讓母女倆都受到相當大的震撼，媽媽一再強調自己是對的，她要打醒佑婷。佑婷卻覺得自己又沒做出見不得人的事，媽媽憑什麼打她？她嚎啕大哭破口大罵媽媽是「宅女」，是沒知識跟不上時代的老女人，母女繼續失控的吼叫和大罵：「我沒有會說謊的女兒！」

「我也沒有不講理的媽媽！」

「妳去死算了！當我沒妳這樣的女兒！」

「好！記得妳講的話，我會讓妳後悔一輩子，我恨妳！」

佑婷氣沖沖的奪門而出，媽媽也異常憤怒，但佑婷一出門，媽媽就自覺講錯話了，於是趕緊打電話向爸爸求助。

媽媽想出門去找佑婷，而一想到這樣會喪失自己理直氣壯教訓孩子的尊嚴，打開門後她又退了回來。

萬一佑婷真的發生意外，她真的會如佑婷所講的「後悔一輩子」嗎？這個孩子怎麼會這麼不懂事，媽媽關心她又不是要害她……內在的惶恐和無助，就這樣在媽媽的內心翻湧著。經過漫長的一個多小時，爸爸終於回來了！

媽媽急著讓爸爸知道發生了什麼事，媽媽以自己的立場述說整個事件，及強調佑婷的粗暴讓她失控出手。

兩個大人一邊交談一邊出門，焦慮的在附近公園找女兒，找來找去怎樣都找不到，因此只好向警方求助，一進警局媽媽情緒就完全的失控，「萬一佑婷有什麼三長兩短，我也不想活了！」爸爸也跟著焦急，把媽媽平日過度敏感、大驚小怪的事翻出來，「就算妳有千萬個不舒服，都比不上女兒的安全啊！」媽媽很後悔自己講出重話，雖然她真正的意思是希望佑婷了解身為母親的關心，但媽媽了解一個情竇初開，對兩性充滿好奇的女兒，如果單刀直入的和孩子談論性話題，雙方都會避重就輕，媽媽的擔心，自然有其道理。

報紙媒體經常報導女學生被網友性侵的新聞，她當然會從片斷的文字中擴大聯想；佑婷也沒錯，網路什麼都有，上聊天室聊一些禁忌話題，誰也不清楚對方的真實身分，她認為媽媽真的有些反應過度。

佑婷平常很聽父母的話，但即將滿十八歲的她，認為自己已經是個大人，有了獨立思考判斷和為自己負責的能力。媽媽管太多了，她更無法容忍：媽媽怎麼可以隨便開她的電腦，翻閱她私人的檔案呢？她衝出門的那一刻，真的很想死了，讓媽媽後悔一輩子，而且她不能原諒媽媽竟然打她一巴掌，她什麼也沒做，媽媽憑什麼打她。

她剛下課，又累又餓，一生氣衝出家門，身上除了悠遊卡和一、兩百元，什麼也沒帶。她在附近公園坐了一會兒，後來到便利商店買些飲料麵包，填飽肚子，心情也好了一些，可是想到媽媽要她去死，她揚言要媽媽後悔一輩子，她要如何踏進家門呢？她又可以去哪裡呢？索性就坐了公車到自己常去的圖書館，看著書報耗時間，到了九點她開始焦慮，明天的功課還有要考的試，一點都沒準備，等一下圖書館關門，她能去哪裡呢？

「回家？」

她已經沒有家了，媽媽不要她了，而且回家不就等於要向媽媽低頭認錯嗎？她到底做錯了什麼？想著想著，她忍不住哭起來了。

圖書館裡的人陸續離開，她想起從前常來這裡讀書，晚上媽媽都會騎車來載她，走出圖書館後，也不知該去哪裡，只好坐在門口的石階上發呆。不久看見遠方爸媽騎著機車的身影，她很自然的轉身就要跑。

「佑婷，媽媽錯怪妳了！」

這句話讓佑婷放慢腳步，看了媽媽一眼，接著忍不住抱著爸爸大哭。

「我又沒怎樣，媽媽就打我！叫我去死！」

「沒事了！沒事了！」

一場無妄的災難，就這樣暫時平息了。

餘波蕩漾的是，佑婷有沒有說謊呢？在媽媽的認知裡，女兒就是說謊，而佑婷的認知卻是，她真的沒有和網友做出不正經的事，在聊天室留言，就像在路上遇到路人聊聊天而已，大家都用代號，何必那麼在乎。

我也因此了解他們家庭風暴的始末，幸好「謊言」只是個名詞，更動一下定義，彼此冷靜下來好好溝通，一家人又可以和平相處了！

心動力

我們很難接受被人欺騙，或自己說了謊而常會感到不安，這是為什麼呢？我們從小就被教導做人要誠實，不可以說謊，但如果在日常人際互動之中，我們有話必說，說出真實的想法和感受，我可以確定，人際關係絕對會充滿問題，別人對我們必定是很不舒服，因為有話直說的人很難相處。

大部分時候，謊言未必是謊言，而是為了避免給自己帶來麻煩，依據情境去做的適度修飾，讓口中的言語是溫和、善解人意、貼心、懂事的。倘若別人期待的是了解真相，對我們委婉而有技巧的表達方式，則會難以接受，所以，我們既不能修飾過度，也不能太赤裸裸的直來直往，與人溝通和互動是很難的一件事喔！

要做一個被看重的人

我們很怕會輸給別人，但我們更怕會輸給自己的手足、親友、鄰居和同班同學，我們也害怕會輸給爸爸和媽媽。

當我們不再擔心會輸，當我們放下焦慮的心，才可能學習怎樣關愛這些人。

晟翰因傷害案被移送到法院，我首次見到他時，實在無法理解他曾是個要把自己弟弟殺害的人，因為他溫和又有禮。

爸媽一再的重述，晟翰是個很好的孩子，他們不相信，他有故意設計傷害弟弟的企圖，而他也不承認自己做出這樣嚴重的事，但警訊筆錄和監視器錄到的影像，都有充分的證據顯示，是他把弟弟推下樓導致重傷，他則辯駁監視器的角度是從他背後拍攝的，他只是和弟弟在玩耍，是弟弟自己不小心踩空才摔下樓的，他伸手是要去拉弟弟。

可是他為什麼自己一個人離開，沒有下樓探視或報警求救呢？他解釋自己當時很害怕，不知道該怎麼辦。

爸媽也有些疑惑，晟翰平日和弟弟雖有爭吵，但他還算是個會照顧弟弟的哥哥，為什麼弟弟摔下來，他卻裝著不知道，讓弟弟因失血好幾個小時，目前仍在昏迷中，隨時有生命危險。

「為什麼？」

爸媽一再的追問，晟翰始終不答，我從他的眼神裡發覺，他確實有話想說，而聰明的他選擇不說！

「我真的沒有傷害弟弟！」

爸媽接著說，弟弟沒上去過頂樓，一定是晟翰帶他上去的，晟翰忿忿不平的解釋，弟弟表面上很乖，事實上，他常一個人偷跑到頂樓抽菸……

爸媽心裡其實也很矛盾，雖然有許多懷疑，但他們的內心怎會希望哥哥傷害自己的弟弟呢！而弟弟現在仍躺在加護病房，他們可能即將失去一個兒子，如果晟翰涉及殺人案，他們又該怎麼辦才好。同時要失去兩個孩子是件非常痛苦的事，他們在對話中，期待晟翰說出實情，偏偏又害怕一旦他講出的是事實，會教他們難以承擔。於是我把父母請出談話室，我想單獨和晟翰談談。

我沒有要他陳述什麼，我先把家庭裡子女與父母互動的許多情結，做了一些說明。家裡只有兩個孩子，手足之間要維持良性互動，是很不容易的事，在外，兄弟是一家人，在家裡，兄弟是彼此爭取父母賞識和關愛的對手。

好比晟翰，在弟弟還沒出生之前，爸媽屬於他一人所有，弟弟出生之後，爸媽把對他的愛，一部分給予了弟弟，他不僅得不到他之前所擁有的一切，還必須承受責難和壓力。據我所知，弟弟個性非常靈巧，尤其嘴巴很甜，很會和父母撒嬌，爸媽難免會比較疼愛弟弟，甚至常拿弟弟的表現來要求哥哥。

「爸媽真的很不公平！」

晟翰在我講述當中已淚流滿面，最後忍不住的主動講出了他的感受。他舉了許多弟弟做錯事，爸媽卻賴給他，最後查出來是弟弟，爸媽也沒向他道歉的例子。例如因為弟弟很聰明，又很會討好父母，做錯一件事，發生在他身上可能被罵被罰，但發生在弟弟身上，許多時候爸媽會故意裝做不知道，反而會罵他，讓弟弟看笑話。

晟翰覺得自己不夠聰明，儘管他真的努力過了，爸媽卻從不給他鼓勵。這次的事件其實是意外，他和弟弟一起到天台上去玩，弟弟自己調皮想把身體倒掛在生鏽的欄杆上，要晟翰扶著他，他才正要走過去，欄杆就斷了，弟弟從五樓頂摔下去，他真的沒有推弟弟！

「你為什麼沒報警或下樓救弟弟呢？」

晟翰全身顫抖的說，他有想過要打電話，可是他往下看到弟弟一動也不動，心想弟弟應該是死掉了，如果他報警，爸媽一定會認為一切都是他的錯，都是他帶弟弟上天台才會發生意外，他不知道該怎麼辦，只好假裝不知情的跑去找同學，回家之後才知道弟弟並沒有死。

他現在也很自責和害怕，如果弟弟真的死掉了，他也有責任。晟翰把話說完之後便放聲大哭，我告訴他，法律上的規定是，即使他沒有故意推弟弟下樓，他也有過失或遺棄受傷弟弟的罪嫌。

這件事如果不是隔壁大樓樓頂的監視器拍攝到這段影像，否則還真難證明，晟翰當時是和弟弟在一起。因為晟翰自作聰明，設計了一連串不在場證明，才把案子弄得如此複雜，最後還可能讓警方以殺人罪嫌移送。晟翰很後悔，現在他已不計較爸媽是否比較愛弟弟，他只希望弟弟能夠平安好轉。

我告訴晟翰，他內心因弟弟而產生的焦慮不安和嫉妒情結，都是人之常情，每一個人都期待父母的賞識和關愛，卻只有少數幸運的人，才能得到父母全部的愛。

他可能常常認為這個世界如果沒有弟弟，爸媽所有的愛都是他一個人的，不知該有多好，或是弟弟不是那麼聰明，爸媽不是那麼愛弟弟，可能自己也不會對弟弟產生排斥感。晟翰的心路歷程都符合人性的發展，而這樣的情景在大部分家庭裡都會發生。

晟翰的弟弟最後救活了，但脊髓受傷嚴重，可能終生半身不遂，弟弟醒來之後的陳述和晟翰所說類似，只是弟弟不知道哥哥並沒有及時救他。

晟翰或許是因自責，也有可能因弟弟不再成為他的威脅，和弟弟的感情變得更好，幾乎把所有的時間都用來陪伴弟弟，爸媽雖花了更多時間在陪弟弟復健和醫療的過程裡，而晟翰的感覺不再是嫉妒和競爭，反而是扮演弟弟的手和腳，除揹弟弟到醫院外，後來弟弟回到學校，各種服務都由晟翰一手包辦！

晟翰最後被裁定保護管束，我們因而有了更多的時間聊聊他對父母看法的改變，以及他自己的成長。如果這件事沒有發生，或如果這件事發生後，他立即把弟弟送醫，他就不會往返法院，可能他會少了一些罪惡感，但他可能永遠都無法理解，他對弟弟有難以言喻的矛盾衝突情結。

弟弟受傷前，他從未解讀自己，表面上他可以照顧弟弟，事實上他對弟弟總有股莫名的仇視；弟弟受傷後，成為一個需要被照顧的人，雖然佔去自己許多時間和自由，他反而和弟弟的感情愈來愈好。他真的很愛弟弟，而且發願要照顧弟弟一輩子。

「弟弟不再是你的敵人，不再是你的競爭對手。」

我會做這樣的評斷，自有我的經驗。我分析每個人的成長過程，我們很怕會輸給別人，但我們更怕會輸給自己的手足、親友、鄰居和同班同學，我們也害怕會輸給爸爸和媽媽，當我們不再擔心會輸，當我們放下焦慮的心，才可能學習怎樣關愛這些人。

「真的是這樣嗎？」

晟翰對我的說法感到詫異，在傳統的家庭中，對兒子的期待是異於女兒，然而不被期待並不表示沒有壓力，晟翰的父親、母親即是很好的例子。

晟翰的爸爸是五個孩子中的一個，前有兩個哥哥，後有兩個妹妹。兩個哥哥表現都很傑出，而晟翰的爸爸無論在學歷或工作，都不如他們，始終帶著一種難以抹平的自卑，所以，對晟翰和弟弟的期望很高。

他爸爸的口頭禪是「這一代輸了，下一代就要贏回來。」偏偏晟翰課業成績表現又不夠好，爸爸自然把希望寄託在弟弟身上，從小就特別請家教來幫弟弟補習，所以爸爸對弟弟好是可以理解的！

媽媽來自重男輕女的家庭，兒子才是孩子，而她卻一直努力要改變爸媽的看法。她對自己娘家的爸媽所付出的，遠比她的兄弟多更多，她的爸媽從未給她應有的賞識和感謝，但她仍不斷的努力付出，只可惜她的父母真正期待的是兒子的成就，而不是女兒的孝順，但她仍努力證明自己才是最好的孩子，是最值得父母疼愛的，她甚至期待有天父母能把其他孩子罵得一文不值，肯定她是最孝順和值得的孩子，然而這一天是如此的難等，所以，媽媽就有許多的怨。

爸媽的成長過程和晟翰是類似的，都在期待父母的賞識，如果這份期待消失了，親子的關係就會明顯的疏離。就像晟翰的大伯和二伯，有高學歷又有傑出的成就，他們已不在乎一個待在鄉下的老爸對他們的評價，所以，他們很少返鄉探親是有原因的。而晟翰的爸爸卻是那麼重視他的父親，或許是因為他內在裡自覺沒有成就，期待以服侍父親得到補償的心理。

「家庭的互動真的那麼複雜嗎？」

這怎會複雜呢？一切都以父母為中心，每一個孩子都期望得到全部的愛，就像在學校，所有學生都希望得到老師的肯定和鼓勵，員工希望得到主管和老闆的賞識。

我希望晟翰能看見自己內在的需求，人都有愛與被愛的基本渴望，他用心付出照顧弟弟，未必是因為內心的愧疚，而是他轉化了期待被愛的需求，他已經不再像以前一樣的期待爸媽的賞識和肯定，他現在是個有能力愛人和照顧別人的人。

愛不是期待，而是懂得讓愛成為一種能量。

心動力

這則故事會讓許多人心痛，從出生至今，我們可能有過許多努力，但我們總是不知道我們真正想要的是什麼；我們和手足、親子之間有著許多內心糾葛，我們也不明白，為何內心總有這些遺憾或不滿足。

試著從這則故事去找你自己的答案，我們要的真的不多，有些時候只是父母的一聲謝謝和鼓勵的話語，有些時候我們只是期待爸媽的一個擁抱，如果我們知道，我們就會放下這些影響心情的紛紛擾擾，讓我們成為一個更有能量的人。

聽見我們內在的聲音，我們才能了解我們真正想要的是什麼。我們內在裡沒有仇恨，只有愛與糾葛。

我要公平和正義

這些恐嚇別人的人，往往由於低自尊和低自信，很怕別人會輕視他，或不看重他的意見和感受。

曉瑩因涉及一件傷害案而來到法院。

她家庭正常，從小備受疼愛，多才多藝，案件發生的原因是班上一位同學被隔壁班同學恐嚇，並揚言要在回家路上堵他，班上沒有人站出來挺這位同學，曉瑩感覺十分氣憤，班上的同學被欺負，這些沒心肝的同學，竟然沒有發揮同學愛，雖然有同學偷偷告訴她，原因是來挑釁的是校園老大，有校外幫派撐腰，而她知道了更生氣，難道我們的社會就只能向惡勢力低頭，任由惡人胡作非為嗎？她激勵了幾位男同學的勇氣，大家決定下課陪這位被恐嚇的同學回家。

為了安全，有人帶木棍，有人帶球棒，還有人帶哨子，他們就這樣浩浩蕩蕩的走回家。第一天，這些恐嚇的同學未對他們動手，但隔天他們找來更多校外或輟學的同學助陣，放學後就在學校附近的巷子打了起來。

這些乖學生沒什麼打架經驗，自然不是逞兇鬥狠同學的對手，但他們為了保護自己也拿起棍子胡亂揮打，他們有人受傷，對方也有人受傷。

雙方家長一同到了警局，對方家長還找了一些民代和兄弟，在警局就揚言要私了，嚇得這些同學和家長不知道該怎麼辦。很快的有同學轉學，也有同學上下課由家長接送，曉瑩成了同學交相指責的對象。

學校不問原因，參與的同學一律記大過一次，而且受傷最重的是這次挑釁的主謀，他竟成了「被害者」。曉瑩承認有拿棍子打他，但她很不平的是，他們才是受害人啊！

「我們不能保護自己嗎？我們只能任由這些壞蛋欺凌嗎？」

曉瑩的爸媽也很氣憤，警察因認識被害人的家長，也有所偏袒，他們還被恐嚇最好小心一點，這件事沒完沒了。

「這是什麼世界？安分守己的學生被恐嚇，為了保護自己還要上法院？」

我詳細解釋法律有關正當防衛和過當的相關規定，也分析了居住在法治國家應有的認識，但這些說明更激起了家長的不滿。他們告訴我，社區內因有人違規停車影響住戶出入，他報警處理，家裡多次被潑漆、汽車玻璃被打破、輪胎被放氣，他一再報警，警察也只是來拍拍照，一家人就這樣生活在恐懼之中，他們不相信什麼是法治。

「強怕狠，狠怕沒天良！若不是有家有眷，我早就和這些人拚了！」

爸爸的義憤填膺是可以理解的，他接著就對曉瑩說，以後別人的事不要管，像她這次幫了別人，結果害死自己。

被恐嚇的同學是這一波事件中唯一沒事的人，對曉瑩這一票同學的幫忙，在警局時他竟然說，他又沒有要曉瑩他們出手，是他們自己多事才搞成這樣！

「這次算我們倒楣，錢也賠了，還要忍氣吞聲向這些社會敗類低頭道歉，真是沒公理正義可言！」

曉瑩的爸爸情緒有些失控。他說的部分是事實，但任何一個社會都是多元的，有奉公守法、充滿正義感、不平則鳴的人，也有唯唯諾諾以保護自己為中心的人，當然也有逞兇鬥狠、欺壓別人的。

大部分的人，都會依社會環境和需求，調整自己態度，並在治安紛亂之際以保護自己及家人安全為優先，對事不關己的事鮮少介入。

我覺得曉瑩是個有正義感的孩子，可是她必須先從生活經驗中，學習如何在保護自己的原則下伸張正義。

「同學被恐嚇，一定有些原因，我相信他可能說了一些話或做了一些事，讓這些在校園被貼上惡霸標籤的同學，覺得被輕視或被侵犯，如果時間可以重來，類似的情況，曉瑩妳會怎麼處理呢？會讓大事化小吧！」

事情是因打掃界限不明，大家都不願多做，而把垃圾掃到三不管地帶，學務處的老師罵了被恐嚇的同學，這位同學就指稱是隔壁班的某些同學掃過來的，害這些同學午休被罰掃地。雙方的不滿是可以想像的，但怎樣才可以化解並避免衝突呢？

「自認倒楣，多做一點又不會怎麼樣！」

我認為衝突就是學習的機會。

班上的幹部可以主動出面協調打掃的區域，或請老師重新調整，讓每一班、每一個人都有責任範圍。沒有人喜歡做骯髒和粗重工作，可是任何事都必須要有人去做；如果我們以學習的心，試著去做別人不願做的事，人生就有不一樣的結果。

每一個人都好逸惡勞，貪圖便利，隨便停車和亂扔垃圾，雖令人討厭，如果我們多付出一些包容、體諒和耐心，就可以避免許多衝突。

「如果被恐嚇該怎麼辦？」

曉瑩父女對我剛剛的分析，看來都可以接受，我就進一步分析「恐嚇」者的內在歷程。

他可能受到了一些不舒服的經驗，有些是自己的過失，有些是自覺被找麻煩，有些是為了尊嚴和面子，總而言之，他的內在是充滿不安的；他也期待曾經發生的不愉快別再發生，卻害怕別人不重視他，於是就虛張聲勢的膨脹自己，如果別人再瞧不起他，他就會對別人不利。

我們也常會如此運作我們的內在，就像曉瑩也會在心裡想，只要她有槍、有魔法，她會教這些人跪地求饒，因為每一個受到威脅或恐嚇的人，會很本能的武裝起自己，免於傷害和威脅。

這些恐嚇別人的人，往往由於缺乏自尊和自信，很怕別人會輕視他，或不看重他的意見和感受，所以，會一再的製造恐怖的事件，讓對方知道「我還在生氣」，強調自己被忽略的情緒，對待他們的最好方式不是漠視或逃避，而是學會去安撫他們。

我們不是看在他們的惡形惡狀而屈服，而是我們比他們有智慧，知道如何讓彼此雙贏，知道生活能夠安心和快樂才是最高的價值。情緒的污染，不僅會困擾自己，也會帶來無比傷害。

「我該怎麼做才可以讓自己安下心來呢？我現在上學都會怕這些人來找我麻煩。」

曉瑩的擔心，也是父母最擔心的，以暴不能制暴，唯有愛和諒解才可以。

「諒解這些同學和造成我們困擾的人，他們和我們一樣都是事件的受害者，他們也正在遭受心理的種種煎熬，他們並不快樂。」

愛是很奇妙的，當我們付出溫暖和關心，我們才可以得到我們要的一切，如果我們想要讓事件完全的平息和落幕，我們別無選擇；我們必須關心這些讓我們不安和痛苦的人，只因他們真的不快樂。

人是彼此互動的，他們可能是從我們說的某些話或做的某些事而受到打擊，為此誠懇的向對方致歉，我們也才可以得到對方的歉意，大家都因自己的錯誤而退讓半步，在良性的互動和溝通之下，雙方關係就會大大的前進一步。

「可是……」

我們還想背著這樣的情緒垃圾生活嗎？我們還要繼續不安和痛苦嗎？如果不是，什麼時候才能讓自己好過呢？

「當然是現在。」

曉瑩父女同時表達了他們的看法，快樂是愈早到愈好，痛苦是愈早離開愈好。

讓我們糾葛痛苦的，不是別人而是我們自己，我要他們把自己做得不夠好的地方，寫成一張卡片，向對方表達由衷的歉意，並願意以最大的誠意，彌補這些錯誤，我保證他們會得到相同的回饋，至少我們會把這件事完整的放下來。

生命中有太多值得我們關心和努力的事物，我們沒有理由讓一個無法改變的事實，一再的折磨我們。

在法律上，每個人都會為維護自己的權益，盡最大可能把過失推給對方；沒完沒了的纏訟，社會和雙方當事人都是輸家。司法更積極的意義，不是論斷是非，而是彌補因事件造成的傷害，使得社會和雙方當事人都因此獲益良多。

「任何事件的發生，都是有原因和意義的，它都是一個學習的機會。」

曉瑩父女沒有再提出異議，爸爸告訴我，這件事讓他找到解決困擾他多年的方法，他一直以為權利是爭取來的，正義是要付出代價換來的，現在他明白，真正的公平和正義是在於如何創造彼此的雙贏，而不是自己的正義需求，否則，得到的一定會比失去的多。

曉瑩因為和對方和解，對方家長也在法庭上請求給曉瑩機會，所有涉案的孩子，也都被以最寬容的方式處置，更重要的是這群孩子，因這場官司而成為朋友，而不是當初勢不兩立的敵人。

心動力

我們的偏執想法，常會為我們塑造無數敵人，唯有愛，會讓我們結交無數的朋友；有朋友的地方，才有和平和歡樂，這個世界沒有壞人，只有想法不一樣、立場不同的人，多一份諒解和愛，可以讓我們獲得更多平安和喜樂喔！

我不能自私和貪心

篤盛的成長過程沒有人告訴過他，他的許多習慣會讓人覺得不安和不舒服。他也從不質疑，把自己照顧好有什麼不對。

雯潔是我輔導個案篤盛的媽媽，他們母子經常處在敵對的情況，每一次見面我都試著扭轉媽媽的想法，但我只要一開口說篤盛的優點，媽媽都等不及我把話說完，就會告訴我篤盛是個自私和有心機的小孩，要我不要被他騙了！

「這樣壞的小孩，與其讓他長大了危害社會，不如趁早把他關起來。」

我只要這麼說，媽媽就會緊張的告訴我篤盛其實還不算壞，就是有一些習慣不太好，只要他願意改，他還是不錯的。

媽媽最無法接受的是篤盛的自私和貪心，她舉了一些例子：吃東西時他總是挑自己想吃的，完全不會顧及其他人；自己的東西都會當成寶，如果有急用，像文具、毛巾之類的東西，他會借別人的來用；出門或出外旅行，他就只會整理自己的東西。媽媽一直覺得篤盛是個有問題的孩子！

「篤盛沒什麼問題，他只是欠缺安全感，缺欠被愛的經驗。」

我了解篤盛的成長經驗，六歲之前他跟著祖父母一起生活，家裡有五、六個年齡相近的小孩，可以想像如果不自立自強，不為自己著想，其他人都吃飽了，他餓昏了可能都沒人發現。

當其他的孩子都有爸媽可以撒嬌和保護，篤盛只能依靠祖父母，他常像是被遺棄、沒人要的小孩；他自己的東西不顧好，被搶走了或是上學沒得用了，又有誰會關心他？

我想他兒時必定有許多委屈和心酸，回到了父母身邊後，爸媽又是弟弟妹妹的，他已經長大了，長輩要他學會懂事做榜樣，而媽媽完全不了解他，只覺得他個性很怪，和家裡的人不一樣。

「妳還會覺得篤盛是自私的小孩，是個麻煩的孩子嗎？」

媽媽從內省和自責中回神過來，解釋他們無法照顧篤盛的原因，在於她和先生一直忙著維持生活家計，篤盛回到身邊之後，也一直沒有好好照顧，只花了錢讓他就讀安親班、參加才藝班，造成他常會偷、搶弟弟妹妹的東西，有時候還會搞破壞和耍陰險。

但仔細想想，爸媽真的沒有照顧篤盛，尤其有事他都不說，遇上再大的困難，回家都裝作沒事，問他也問不出個所以然來，這點是爸媽最難忍受的。

幼年的經驗，讓他學習到如何裝出沉穩模樣，許多時候只要不聲張，大事都可以化作小事，假如事情爆發開來，他習慣性的會馬上認錯，然後哭得很傷心，爸媽都認為他很會演戲，演完之後，一轉眼又像沒事一樣。

「怎麼會這樣呢？這也是學習來的嗎？」

媽媽無奈中帶點冷漠的神情，讓我有點心痛。

篤盛和我很有得聊，我知道這樣一個孩子，內心和其他孩子一樣，都是善良和上進的，有許多時候他都不知道自己錯在哪裡，別人對他的觀感又是什麼，從未有人真正的了解和關心過他。

一個十幾歲的孩子，被貼上許多負面的標籤，他也不知如何解救自己。他也期待別人的看重和賞識，他也很努力在自己的課業表現上，只是常為目的而不擇手段。

他做錯了什麼嗎？媽媽有許多疑惑：一樣是她生的孩子，為什麼會差那麼多，篤盛是一個讓人看了就會提防和保持距離的孩子。

「篤盛的表現在整個成長的歷程是很合理的，他不是陰沉和奸詐，而是為了保護自己和討好別人。」

篤盛的成長過程沒有人告訴過他，他的許多習慣會讓人覺得不安和不舒服。他也從不質疑，把自己照顧好有什麼不對。

別人對他的觀感是自私和貪心：自私是為了自己不顧別人，而倘若他不照顧好自己，誰會照顧他呢？貪心是因為怕吃不到會肚子餓，怕少拿了要用時，沒有人會給他。

他的爸媽不在身邊，沒有人會關心他，多看他一眼，在祖父母家時，他常和堂兄弟吵架然後被趕出來，他卻不能生氣趕別人回家，因為祖父母的家就是他的家，所以，他要學會把自己心愛的東西藏起來。

背包是他唯一擁有的物品，他不准別人碰它；有東西吃他一定盡量吃飽，有東西拿他絕不手軟的拿，好像永遠都吃不飽、拿不夠。

他貪心嗎？如果家裡要吃什麼就有什麼，要買什麼只要開口，篤盛還需要這樣過度保護自己嗎？

「一個連媽媽都不支持的小孩，誰還會給他關心和溫暖呢？」

篤盛欠缺安全感和自信。安全感來自愛與被愛，自信來自成功的經驗，多給予肯定、讚美，多看篤盛的優點，他雖然有些行為讓人覺得不舒服，但他一直把自己照顧得很好，學校老師交代的作業，他一回家就會自動自發的完成，考試有時雖有些投機取巧，愛計較分數，但仔細想想，他比那些完全不在乎自己的人，強上許多。

媽媽心中的疑慮如潮水湧來，當別人讚美我們的孩子，我們很自然會想到孩子的一些缺點。媽媽接下來就提到了篤盛的其他缺點，像是偷錢、說謊，這是一般人都無法接受的，媽媽似乎也在考驗我，剛剛都以正向解讀篤盛的行為，對這些確實是偏差的行為，我會如何做解釋呢？

我以犯罪學分析偏差行為和犯罪之間的關聯性：人要做到不偷、不搶、不傷害別人，這可能比較容易，若要完全都不違反法律規定，譬如闖紅燈、超速或是踰越禁止穿越的馬路，我們可能會有「自己的一套想法」。

有些法律規定是見仁見智，未必符合全體的觀感，道德更是如此，每個人心中各有一把尺，我們很難讓每個人都認同我們。在不妨礙別人的前提下，多給自己一些自由，超高的道德標準，往往是焦慮、憂鬱症和精神疾病的溫床，有許多事只要做到六、七十分的標準就可以了，請給自己多些自在和快樂。

媽媽無法認同我說的，她告訴我，生活中的小細節不教導，等累積成為壞習慣或不良品性，就很難挽回。

媽媽所講也沒什麼不對，但我的主觀想法是，每個人的人生發展都有變數，什麼才是重要的呢？功課、品性、人際互動關係，還是穩定和愉悅的情緒呢？我不知道這該有什麼標準。我在乎的是一個人的心情，只要他是放鬆的、愉悅的，他就在享受生命。

「年近五十，對事情的看法就該有更大的包容和寬廣視野，人生已有太多無奈，就放過那些小事吧，多多關心篤盛他快不快樂。」

「唉！」

媽媽長嘆了一口氣。誰又關心過她的心情和快樂呢？公婆和爸媽兩邊都要照顧，先生工作累了就擺臭臉，上班時主管和老闆也從未關心過她的心情，只注意怎樣才能把她榨乾。回到家，吃的、喝的，她要一手包辦，還得注意每一個人的心情。篤盛每隔一段時間就給她找麻煩，她有時想想，做人為什麼這麼累呢？

媽媽流下了淚水，累積在心裡的委屈傾洩而出，情緒瞬間崩潰了。媽媽真的辛苦了！我告訴她為什麼會教孩子做個「大神經」的人，因為這個世界需要我們關心的事太多了，我們只能選擇重要的事來關注，只能學習自私的先把自己照顧好；有一點貪心，偶爾忙裡偷閒一下，能對自己好時快樂一點。適時適量的自私和貪心是健康的，過度的奉獻和犧牲，非但得不到感恩和珍惜，還可能為自己帶來無端困擾。

「學學篤盛，多自私一下，多關心自己，讓我們自己好過，我們快樂了，婚姻和家庭才會和樂融融喔！」

心動力

為什麼自幼我們的想法，都存在著讓自我心力交瘁的毒素呢？做一個盡責的人並沒有什麼不好，如果每一個角色、每一份工作，都要搏命以對，心情常處在顫抖和絕望的疲憊之中，我們還能有什麼樣的能量來照亮家庭和工作呢？每天都覺得疲累不堪的我們，要重新調整生活態度，把一些不是那麼重要的角色和事情，由滿分的期待水準，降為六十分。

讓自己好過，善待自己不是貪心，更不是自私，而是為了讓我們周遭的人，跟著我們放輕鬆。

夢想很遙遠嗎？

一個人不想做一件事，他一定會找一個理由；
如果他很想做一件事，他一定會找一個方法。

幾年前我的一位好朋友銘強，邀我辭掉公職到他的公司上班，當時我有些心動，因為研發一直是我很有興趣的工作，加上朋友的看重和支持，我很有信心可以做出一番事業。

幾經考慮的我，卻婉拒了這位朋友的好意，只義務擔任他的顧問，提供一些意見或幫他研發部門的同仁做教育訓練。

這位朋友十分不解，他給我的薪水是我公職工作的兩、三倍，還讓我入股成為股東，我則告訴他我的想法：幫助迷途的孩子，表面上的成就絕對不及從事研發的工作，付出的辛勞也必定多很多，但我喜歡和這群孩子共同擁有生命中的經驗，如同我父親生前的遺願，要我們學做在暗處永續發光的蠟燭，況且這一份穩定的工作，足以奉養我的父母、教養我的孩子、維持自身的生活，還能有點結餘的薪水，可以做自己想做的事，我覺得自己已經很富有。

我的朋友很不以為然，「為什麼不和菁英一起工作，多做一些更有價值的事呢？」

這樣的想法是我曾經心動的原因。和這群中下階層的孩子相處，即使我做再多的努力，恐怕也很難成就偉大事業，但和一群專業的科技人員一起工作，要有成就真的比較有機會。

我的朋友質疑我：為什麼不把寶貴的時間和生命，放在最有價值的事呢？或者讓自己賺更多的錢，讓自己更有影響力，讓自己獲得崇高的社會地位呢？

我分享了我的看法：德蕾莎修女終其一生都守護著貧窮的人，做出最大的奉獻，她也沒解決什麼問題，窮人依舊貧窮，然而她對世界的影響應不亞於微軟的比爾．蓋茲。

輔導孩子的我，面對任何人都會對他們失望和放棄的孩子，我希望能夠扮演一盞微弱的燭光，帶給他們一點點溫暖和希望。我沒有什麼成就或貢獻，也可能得不到這些人的感謝，但是這份看似沒有意義和價值的工作，會讓我覺得富有和滿足。

我這位朋友對我的「阿Q」，不知該多說什麼。

幾年之間，銘強經營企業有成，每次見面他都試圖說服我，告訴我愈晚加入，我就會失去愈多的機會，若當初我答應銘強的邀請，我現在一定是億萬富翁，而且有錢可以做許多事。

銘強緊接著到中國設廠，前幾年都很順利，後來因觸犯了當地的一些法令和出了些他從未想過的意外，被迫退出經營，回到台灣。

他忙了十幾年，財富依舊，似乎和當初差別不大，比較明顯的是，他換了一棟地段比較高級的房子，而空間和原來的老舊大樓也是差不多，開的雖是名牌車，經幾年使用折舊之後，和原先那輛國民車的價值也沒有太大差異，反而是頭髮花白、健康狀況欠佳、高血壓糖尿病都上身了。

反觀我，和以前住一樣的房子，開一樣的車子、穿一樣的衣服和鞋子。這十幾年來誰的決定才對呢？時間都會過去，我們都要繼續努力，回台灣之後，他要積極的準備東山再起！

「這是最後的一個十年，我要再拚一下！」

他經營企業永不向環境低頭的精神，讓我由衷佩服，我也想全力的支持他；他再次邀我參加，我依然沒有答應，因為這十年來，讓我更清楚知道什麼生活適合我，我要的又是什麼。

「過簡單、容易的生活，陪著自家和法院的孩子走一段路，就這樣。再多的金錢或地位，對我來說都是多餘的。」

「不求升遷嗎？」銘強疑惑的問我。

如果能多做一些事，或多發揮一些影響力，那是值得一試，但離開第一線，就無法做直接的服務，許多的時間和能量，都會浪費在人事和公文書上。

我覺得重要的時間，應該用在重要的事，陪著另一個生命，共有一些經驗；這些經驗也許很平凡，有可能是一些意外和災難，但它們都會豐富我們的生命。對我而言，生命只是持續的經歷而已，人並不能改變什麼。

我的想法，讓我這位朋友覺得很悶，他認為這樣的想法太消極了，人生就是要不斷的挑戰和突破，他想再努力十年，讓存款多一點，晚年的生活才會多一點保障。他興起下一個十年的動力是，他想為孩子多做一點努力，不要讓孩子從基層做起。談話中他努力想找一個合理的目標，激勵自己再衝刺，而談得愈多，他愈察覺到佔有再多，生活好像也不會有太大的改變，而我建議這個時候他應該選擇做自己喜歡的事。

由於我的建議，最後他放棄東山再起，選擇從事經營顧問的工作。經過了一年，我再見到他，他整個人神情開朗，覺得顧問工作是個助人的工作，比自己做事業更有成就感。

他再一次的重整自己的價值：有機會付出和分享，可能才是真正的富有。繞了一大圈，他也才發現他要的真的不多，只需一份足以應付生活的收入，以及一份自己喜歡做的工作，他覺得這樣的自己是最幸福的人。他問我：「什麼是對的選擇和價值呢？」

這沒有標準答案，每一個年齡和情境，我們都會有自己的獨特認定、想做的事，如果不會嚴重影響生活和工作，就放下顧慮的去嘗試。

如果影響很大，就緩和一下情緒，問問自己做這件事真正想得到的是什麼？最好用紙條一一寫下，再從這些項目中，找出關鍵動力，並再次詢問自己真的期待這樣的目標嗎？如果沒有達成會怎樣呢？目標如果明確了，才去思考如何辦到。

通常目標明確，沒有一件事是做不到的！每一個人都會受周遭情境和過去經驗的影響，每個人或多或少都有想做而沒有機會去做的事，我的看法是，為什麼要給自己如此多的設限呢？

「想到就去做吧！」

我半開玩笑的說，自己最大的樂趣是做藝術方面的雕塑創作，退休之後，我就要去做個素人藝術家。

銘強也分享他的一些想法，他將來要去學泛舟和飛行。

「為什麼一定要等退休，而不是現在就去做呢？」

這是我們兩個人共同的想法，想不到的是，銘強比我還要積極，上網找到了相關資料，不僅學會獨木舟的操作技巧，也學會操作風帆，還報名小型遊艇駕訓班，拿到執照之後，邀請我和其他朋友一同出海。

「玩遊艇很貴吧？」

一般人都會有這樣的疑惑，事實上遊艇不一定要買，用租的就足夠了。一個人會一直掛念著還沒實踐的事，當做到之後，熱度就會降溫，銘強很了解這一點，所以他把獨木舟用網拍賣掉了，想玩的時候再租一艘來使用。

「夢想其實沒有想像的遙遠。」

銘強興奮的告訴我，他已經報名飛行傘和輕航機的訓練，未來他還要參加中國的小型飛機駕訓班；他未必一定要有飛機，但想飛就一定要試著去飛，讓人生沒有遺憾。他反問我，什麼時候才要實踐素人藝術家的夢呢？

「我……等……」

「一個人不想做一件事，他一定會找一個理由，如果他很想做一件事，他一定會找一個方法。」

這是我在網路上看到的阿拉伯諺語，當初用來鼓勵銘強，現在反倒是他用來鼓勵我。

他告訴我他的心得：如果想做一件事還有理由，表示這件事我們並不是那麼想做、想要，由此看來，我並不真的想做一個素人藝術家囉？

「不要勉強自己，有夢想就勇敢的去實現！」

銘強已今非昔比，眼中閃爍著光采，身上散發著活力，他快六十歲了，還像「一尾活龍」，由於他豐富了自己的生命經驗，除了顧問的工作，他還出了書，現在更是一位當紅的專業講師。

心動力

夢想遙遠嗎？銘強好像繞了一大圈才找到自己要的，但提早十年或二十年過他現在的生活，我想也未必適當。因為走過、因為經歷過，所以他才明白自己要的不多。

到了六十歲才實現自己想要的生活，看起來夢想真的有點遙遠，如銘強對我說的話——我們一直在為想做的事找理由。

事實上，若我們想做一件事，一定會為這件事找到解決方法。

遲延的果實，未必就會過熟、腐敗或失去鮮度，夢想只要有開始，生活就會充滿亮麗的色彩，我們的生命也會充滿活力。

夢想一點都不遙遠，而是我們真的想要嗎？如果是，那就動身出發吧，做了才會知道它適不適合你自己。

chapter4

看見自己的寶藏

每一次到學校演講，我都會一再的重申，別小看你自己，十年、二十年後你會有什麼成就，由今天的你決定。每一個人都是獨特而充滿希望的，每一個人都有著無限的機會，沒有人可以限制你的未來，除非你自己放棄不要，否則你現在要什麼，你未來一定得到！但有多少人會相信我說的話呢？成功唯一的方法，就是不達目標，永不放棄！而有多少人是堅持自己的理想到底呢？如果你真的想給自己一次成功的滋味，那麼就從現在開始相信，你就是個天才，你要的一切都掌握在你手中，只要你開始執行你的計畫，而且堅定的相信，你一定會做到，那麼你一定會成功！

夢想的趨力

在輔導彥誠的過程裡，我聽他講述某些老師對他的態度，讓他內心很受傷。他的確是不夠聰明，也不夠好，但為什麼連基本的信任和尊重都沒有呢？

我在法院接觸了無數的孩子，也接觸了無數的生命，而在這二十年裡，經由我輔導所散播下的希望種子，往往也都會在特定的時刻，長出不一樣的果實！

彥誠是十五年前我曾經輔導的孩子，他國中讀後段班，所以後來自願參加技能訓練而不再升學，我看資料，他的智力測驗分數不高，人一副憨厚的模樣，沒有什麼主見，只要他喜歡、信服的人，告訴他什麼，他就去做什麼。他就是因為這樣的個性，而涉嫌替別人運送毒品，賺取一點零用錢涉案。

他來到法院時，我讓他填一張問卷，其中有幾道題目是：你有多想成功？你有多希望別人看重你？你有多希望爸媽以你為榮？問卷上是零到十分，但他卻重重的用筆寫了一千分、一萬分。

從事輔導工作那麼多年，最令我興奮的事，就是看到充滿期待和企圖心的孩子。我先從其他不相關的問題和彥誠談，我們談到朋友，他覺得朋友是不可靠的，因為別人常會利用他的信任和正直，騙他做不該做的事。我們談到媽媽，他眼眶就紅了，他覺得世上只有媽媽支持他，雖然他的媽媽智力不高，只有小學畢業，也只會用擔心和煩惱表達對他的愛，但他覺得這世界上只有媽媽把他看得最重要。

我們談到他的爸爸，他有些怨言。他覺得爸爸比較喜歡哥哥，因為哥哥比較聰明，會講爸爸愛聽的話，而他常挨爸爸的罵；不過他很想爭一口氣，他想讓爸爸知道他一點都不差。

我們談到學校老師，他很感謝他小學特教班的王老師，因為王老師一直把他當成自己的孩子般疼愛，一直到現在還會打電話鼓勵他，不過國中的幾位老師就讓他很心痛，他們從不把他的話當話聽，如果同學有人犯錯，老師都會特別注意到他，如果他沒有參與，老師還會補上一句：「廖彥誠，怎麼可能沒有你？」

在輔導彥誠的過程裡，我聽他講述某些老師對他的態度，讓他內心很受傷。他的確是不夠聰明，也不夠好，但為什麼連基本的信任和尊重都沒有呢？

「原諒他們！不夠好的是老師！而不是你！」

我自己的成長經歷和彥誠有些雷同，不論如何努力都得不到賞識，那種痛苦，我深刻的同理和體會，但是過去不夠好並不能決定現在和未來，男子漢大丈夫要爭的是長遠的志氣，而不是眼前的一口鳥氣。

彥誠雖然不是很會讀書，不過我鼓勵他不要放棄讀高職。他的舅舅是做水電工程的，一直都很疼他，希望彥誠國中畢業就跟他一起做水電，我卻比較希望他去讀電工科，畢業後再跟舅舅工作。最後彥誠選擇了讀補校，晚上唸書，白天就跟著舅舅工作。

彥誠雖然不夠聰明，但他卻是一個珍惜學習和努力機會的孩子，他和舅舅工作時從不摸魚，做事不僅主動，還很勤快。他因為有實務經驗，所以經常是實習課老師指定示範的小老師。

高二時他通過丙種技能檢定，還代表學校參加技能競賽，這是他生命重要的轉捩點，他為學校拿回有史以來的最佳成績，全國第三名，他從此不再是退縮、沒自信的小孩，而他也告訴我，總有一天，他會在水電業擁有自己的一片天。

當其他的孩子都期待早點結束保護管束時，他卻告訴我他不想太早結束。每一次我和他談話，他都會一再的提醒自己，他一定要成功！一定要別人看重他！一定要讓爸媽以他為榮！

「只要不斷的努力，我就一定會成功嗎？」

「努力不一定會成功！但堅持到底，永不放棄的努力，我保證你一定會成功！」

彥誠結束了保護管束，他告訴我，他一定不會放棄對自己的努力，雖然他還不知道自己要的成功是什麼，但他有絕對的信心。

不久他高職畢業，他沒有選擇升學，而決定隨他舅舅在水電工作上磨練自己！

我有好幾年都未再見到彥誠，後來再見到他時是在香港的機場，他隨工作團隊到中國做營建的水電工程。

他告訴我，他愈來愈不知道什麼叫做成功，不過他仍然堅持著對工作的努力。他的工作態度和敬業精神，讓上游的老闆賞識不已，所以指定他舅舅的公司負責所有營建的水電工程，營業的款項都是千萬元計，他的月收入也高達十萬元以上。他覺得很有成就感，只是生活都被工作佔據了。

我們在等班機的短暫時間裡，就這樣聊了十幾分鐘，他為現在的成就感到有些驕傲，和我揮手道別時，我知道他很想讓我知道他的努力，我也盡我最大的可能給他鼓勵。

當他轉身，他的步伐堅定而快速！我似乎聽到他的聲音：「我不會放棄的！我一定會成功！」

和彥誠短促的會面後，我心裡一直希望能多一些時間和他聊聊。我可以理解對一個二十幾歲的人而言，他的眼中只有目標和成就，買名牌的高級車子，接下來準備買房子、準備結婚，再持續努力的工作，好讓自己有更舒服和有品質的生活，然後帶著家人旅遊和玩樂，這一切都可能會在三十幾歲或四十歲之後實現，等到目標都完成了，彥誠才可能會開始思考什麼才是真正的成功，開始思考什麼才是他真正的渴望和期待。

我看著彥誠走過這段路，從有形的穩定到成就，進而追求社會期待的價值目標，最後才是思考生命的價值和方向！

「我如何更快可以達成目標？」

幾個月後，彥誠利用休假來找我，他第一個問我的問題，就是想要用更短的時間，達到他努力的目標！

「你的目標是什麼？」

我要彥誠用紙筆寫下他所有想達成的目標，他想要在台灣和中國各有一棟屬於自己的房子，他想要有完全屬於自己的公司，他想擁有另外一部更棒的車子，他要有專屬的司機，讓自己的存款超過一億元以上。

他現階段想要的幾乎都是外在的東西，我希望他把這些清單，列出它們的優先順序，並加註理由，為什麼要得到這些呢？

他最想要的是重建祖父母的老房子，並在附近蓋一棟豪宅，一百坪的地基，有庭院、有停車場的房子給他父母住，這是他爸爸一生想做又做不到的夢想，他想要讓親朋好友看見他的成功，也要他的父母以他為榮。

他之前已經買了二手的BMW，但他還想要有全新的大型賓士車，理由也是成就要讓別人看見，他還要有自己的公司，讓舅舅和媽媽知道他也是很行的。

他描述他的公司要有一百名以上的核心員工，另外有數千名配合工作的工人，這些工人遍及全中國和台灣，無論他走到哪裡，他都會被別人歡迎和重視。他要賺很多的錢，錢的數目他一直難有明確，不過他希望愈多愈好。他要做公益事業，幫助弱勢的族群得到工作和希望。

他要做一個有影響力的人，任何有困難的人，都能得到他的幫助。總之，他要做一個有能力和有貢獻、有價值的人，他希望自己像個巨人和超人般的被依賴和需要！

他所列的需求表，表面上看是外在的東西，但其實他真正想得到的卻是內在的需求，他才二十幾歲，我希望他勇於實踐自己所有的夢想。

這些夢想都是好的，問題是達成目標，需要一些過程和付出。他最想做的是在彰化的老家，蓋一棟豪宅給他的祖父母和父母，原因是他的父母北上工作，他們每一次年節返家，看到親戚光鮮亮麗，成就不凡就很羨慕；但要這些親戚拿錢重修祖父母現在仍在住的房子，大家又一再推託。

他想為爸媽爭口氣，幫祖父母重建舊宅，更要讓爸媽光彩的回到他們的故鄉，讓所有親戚不敢再輕視他的家人。

我聽他講完，才了解他的豪宅並不是要拿來自己用的，而是想為父母爭口氣。我反問彥誠，為什麼其他親戚都不願意做呢？這些親戚的理由是一年難得返鄉幾次，大家都不住老家，而一談到錢，他們就開始裝窮，一直講自己的貸款或分期付款都還沒還完。

表面上看起來他們都很有錢，但實際了解才知道，他們住的是二、三流的舊公寓，只是開著名貴的車子，而且這些車子蠟都打得亮麗。其實這些十年左右的車子，根本不值什麼錢，所以他們的有錢和成就都是裝出來的！一直到彥誠自己也開和他們一樣的車子，他才了解他們內心的恐懼。

彥誠明白這些親友，每年只是在做服裝、珠寶、名錶、名車的展示。彥誠不想和他們比這些表面的，他想要讓親友看到他真正的成就，但彥誠真正想要的究竟是什麼呢？

彥誠自己也不是很懂，只是小時候看到爸爸開的是國產的舊車，堂表哥他們的爸爸開的是豪華進口轎車，他們玩球打到車子，被爸爸、祖父斥責，要他別碰到這些親戚的車子。那種受辱的感覺，讓他有股怨氣，他要做這些親戚做不到的事，他要把舊宅重蓋成華麗的豪宅，他要讓這些親友們刮目相看，他才是真正有成就的人。

我的家族從小就四分五散，我比較無法了解彥誠內心強烈的趨力；但這和我去金門參觀那些在南洋賺大錢，然後返回家鄉蓋豪宅的人們的心情，可能是一樣的吧！在自己的故鄉以外，不論是任何的成就和掌聲，都不及富貴已壓過眾親友的尊榮吧！

彥誠追求的這個目標，以他現在的努力和成就，要達成只是時間的問題。我分析彥誠是想要對童年受創經驗的補償，而不是想要炫耀或刺傷他的親友，否則他怎麼會耗盡心血，蓋一個讓自己失落的圖騰？因為他非但得不到自己要的成就和尊榮，他還會得到嘲諷和傷害。

一個人要有社會所期待的成就，必須要有強而有力的趨力和動機。彥誠這樣的動機，在外人看起來是很愚蠢的；但事實上不然，這是他和他父親兩代未竟的夢想。

他不只是想蓋房子，更想重建自己的尊嚴和自信，這值得去做！彥誠和他爸爸的成長過程都是充滿著挫敗和不順，所以一個孩子能實現父親的願望，為父親雪恥，奪回榮耀，沒有比這更具趨力的努力了！

「但這些都是為親友而做的努力，有什麼是你自己要的目標呢？你想過什麼樣的生活呢？你如何經歷未來三、四十年的生命呢？」

彥誠現在二十幾歲，人生猶如在一座山的基部，他的最大心願就是不計一切的登上峰頂，做一個最傑出、最卓越的人！他渴望成功！

「我要有錢、有地位！有尊嚴和價值！做一個被尊重和禮遇的人！」

彥誠描述他的具體想法，出門有車來接，有人主動幫你開車門，走到哪裡都有人先列隊等候和歡迎你，陌生人一接到你的名片，立刻對你肅然起敬，任何事只要你說了就算數，坐飛機、坐車都能備受禮遇，而不是排隊和一群沒水準的人擠來擠去。

我告訴他有許多的尊嚴和禮遇用錢可以買到，但真正的尊敬和看重，是需要情感和互動的。地位是虛幻和短暫的，頭銜也只是表面的東西。一個年輕人很期待自己的名片上有一些亮麗和傲人的稱謂，是可以理解的；但這只是一時的，不能真正代表什麼，連名字都只是借來暫時使用的代稱。

「什麼稱謂，會讓你充滿興奮和熱誠？是老闆？還是董事長、總經理？」

彥誠沒有正面回答我，但從他的笑容中我了解，他急著讓自己享有成就和尊榮，其實他現在已經是了！在他的管控下，同時有好幾個工程在進行，有無數的承包商和工人，對他畢恭畢敬，甚至可以說唯命是從。

在公司裡，他是舅舅最信任的人，頭銜上，他是總經理的特助，但事實上，他應該是擁有實權的副總，這還不夠嗎？在我的想像裡，一個總經理必須是全才，財務、企畫、行銷、業務、人事、研發、執行，要樣樣都精通。

職位的高低看起來是成就和權位；但另一方面，卻也是責任！而我並不認為彥誠適合；但每一個年輕人的期待，都希望自己能爬上最高的頂峰。

我給予彥誠最大的祝福，我告訴他，他是我學生和朋友中最有成就和希望的一位，我希望他永遠為自己的夢想奉獻熱誠和毅力，不論遇到任何事，都不要輕易放棄自己！

心動力

讓夢想啟航。彥誠做到他想要的一切！不過我並沒有告訴他如何更快速達成夢想！因為夢想快速的完成，未必是件好事，就像我們登山到達山頂一樣，表示我們立刻有著新的挑戰和目標。

等到真的實踐和達成時，我們才會逐漸明白，我們要的真的不多！我們甚至會發現，我們其實根本都不需要，也不想要達成任何目標或佔有任何東西，那時，我們的心也才會趨於真正的平靜！

佔有和失去

「我擔心琳君會走上我和她媽媽一樣的路！琳君太像我和她媽媽年輕的樣子了！」

「沒有失去！我們就無法了解我們的擁有！」

琳君是阿嬤照顧大的孩子，她的爸媽在她出生前就離婚了，後來媽媽也在她讀小學時意外去世了，家裡就只剩阿嬤和她。阿嬤視她為寶貝，省吃儉用的供她所需。或許是阿嬤照顧得太周全了，她認為別人為她設想、委曲求全都是應該的。

她們的生活費用都靠阿嬤在餐廳洗碗打雜維持，一個月差不多兩萬元左右，在琳君國中之前都還算夠用，但她上了高中後，需求變大，她要補習、要手機，加上每天吃用，幾乎耗掉阿嬤的一半收入。阿嬤雖有抱怨，但仍如數給她；不過上了大學後，她要住校，要買電腦和一切生活花費，就用掉阿嬤所有的收入了。

阿嬤沒有辦法，只好晚上兼做加工和資源回收，阿嬤自己每天的花費連一百元都不到，而琳君一天就要花一千元左右，但她還覺得不夠，自己去打工賺零用錢。

可能是因為交了愛玩的朋友的關係，她竟然嘗試做援交賺取生活費，當她發現陪陌生人做愛，只要短短一、兩個小時，就可以賺到幾千元時，她就更揮霍了。後來朋友帶她到酒店兼差，因為只要陪客人喝酒玩樂，再做性交易，一個晚上運氣好就可以賺到上萬元。

她開始看不上阿嬤給她的生活費，她也愈來愈少回家，甚至連手機號碼都換了。阿嬤找不到她的人，阿嬤很擔心，但又不知從何關心起。

阿嬤當然不會知道她在酒店兼差，因為剛開始她都還勉強去上課，但最後就缺課了，因為她覺得大學這張文憑一點都不值錢。她的變化阿嬤並不知道，是警方在查到她從事性交易後，通知阿嬤和學校，阿嬤才知道這幾個月她都沒有連絡，原來是在酒店上班！

阿嬤經過朋友的介紹找到我，她很擔心琳君會被抓去關。我詳細告訴阿嬤相關的法律規定，琳君已滿十八歲，她所觸犯的法律，被關的可能性很小，但我比較擔心琳君會因此而墮落。我約了一個琳君的朋友陪同，去探視回到家的琳君。

琳君剛開始拒絕出房門和我們談話，但因朋友從小看她長大且和她熟識，所以後來她勉強同意和我們見面聊聊；不過她要求我們給她半小時化妝！

我們就先和阿嬤閒聊。阿嬤告訴我她早年守寡，就只生琳君的媽媽一個女兒，而琳君的媽媽也是在唸書時，談戀愛未婚懷孕，男方後來雖然勉強同意結婚；但婚都還沒結，男方就不知去向了。

琳君的媽媽生下琳君後，就和別的男人同居在外，所以琳君一出生，阿嬤就照顧她到長大。在心理上，阿嬤並未把琳君當孫女，而是把她當女兒來疼愛，後來琳君的媽媽意外過世，她和琳君就更是相依為命了。

阿嬤雖然當過媽媽，但卻不知如何當媽媽。在言談中我了解到，她所謂的愛和照顧，就是滿足琳君的需求和物質享受，她不曾真正了解和關心琳君，客廳的櫃子裡擺的都是琳君成長過程得的獎狀或是美勞作品，阿嬤很細心的陳列，大大的櫃子看不到幾樣是和阿嬤有關的東西。

在談話中，我一直藉著牆上琳君小時候的照片，揣測現在的琳君是什麼模樣。我們都有些納悶，在自己家裡的客廳談一下話，有必要化妝嗎？

過了一會兒，琳君出來了。一張秀氣的臉，塗了厚厚的濃妝。阿嬤忙著解釋，琳君從小就很愛漂亮，讀國中時，就吵著要化妝品和高跟鞋。

琳君堅持自己沒有違法，她只是在餐廳打工，是警察故意陷害她。她一點都不擔心，認為被罰一點錢就會沒事，一副篤定和老練的樣子。

我們希望她多談一些她打工的事，她卻避重就輕的說自己不過是個服務生，幫客人倒酒、陪客人聊天，她說她一個小時才賺一百五十元，客人如果有給小費才會多賺一些。

聽到這裡，阿嬤馬上問她，她都沒回家，沒拿生活費，她怎麼吃飯？琳君這時就有些不耐煩，她的眼神中有些不滿和輕視，但她沒有講出來。雖然在家，但她還是穿短裙和低胸的T恤。

我被迫請來輔導她；不過我很清楚輔導需要一些時間，因為誰會把自己性交易的事拿出來公開談論呢？我只能告訴她法律上她的權益，這雖然是輕罪；但她已成年，所以可能會留下前科紀錄。

相較起來，我更關心她對未來的計畫，以及她這兩年學校生活的感想和心得。她對學校好像很生疏，上哪些課都沒太深的印象，或許她都把重心放在玩樂和賺錢吧！不過只要談到學校附近的玩樂場所，尤其是一些夜店，她就有很高的興趣。

琳君像一位老練的導遊，逐一介紹她去過的餐廳，消費之高令我們驚訝，因為並不亞於五星級的飯店。她還講了一些朋友聚餐找大頭來付錢的趣事，而她所認識的朋友，還大方的送她手錶和名牌包！

在過程中，阿嬤多次想介入勸誡琳君，但都被同去的朋友給擋住了，因為琳君和我們正好有互動的話題，阿嬤的介入會讓已經打開的門再度關上！我們希望阿嬤能去廚房幫我們準備茶水，朋友並隨後到廚房要阿嬤暫時不要出現，琳君的許多問題都和阿嬤教養方式有關，如果阿嬤在場，琳君會以敷衍和應付的模式應對，這樣我們就沒什麼機會幫到琳君了！

「琳君！有要好的男朋友嗎？」

朋友找了一個比較不會讓琳君有防衛的話題。琳君一談到她的男朋友，臉色就黯淡了下來，她從高中就開始有男孩追她。她是一個很重情義的女孩，她雖未明講和第一個男友有性關係，但她也沒否認。

談到這段感情，琳君充滿了悸動，她那麼愛他，為他做所有的事；但男孩卻在畢業之前和一位學姐往來，逐漸的疏離了她，最後在她畢業前，兩人談判分手，這段情深深的傷了琳君，她忍不住淚流滿面，也哭花了她化了濃妝的臉。

過了許久，她才再談她的第二段、第三段和已經沒太大感覺的第四段感情。她覺得男人是不可信賴的，她早該相信阿嬤和媽媽給她的教訓。男人剛開始都是為了得到她的身體和性，等得到滿足之後，就再利用她得到金錢的滿足。她像是隻魚，都被男人在初接觸時的甜蜜的餌給誘惑了。

她在和我們談話時電話不斷，可以感覺出來都是男孩打來的電話，她接電話的態度有點冷漠，但又未明白拒絕。可以聽出琳君並不是那麼信任和喜歡這些人，但她又需要朋友！

「妳的妝化得不錯，是在哪裡學的？」

男女朋友的話題，讓琳君覺得煩亂，所以朋友找了另一個話題，這個話題讓琳君覺得興奮。她拿起鏡子看了看自己的臉，卻發現眼線和臉上的妝花了，她很直覺的就要去補妝，朋友就跟著她進房間。

我在客廳和阿嬤聊，阿嬤表示自己年紀大了，她就這麼一個孫女，她有機會讀大學，讓她很高興；但知道她在酒店上班，又讓她很擔心，她會被壞人欺負。琳君那麼年輕，什麼都不懂，萬一遇到的男人讓她懷孕了，可能又要重蹈她和她媽媽的覆轍。女人為什麼都這麼命苦？這世界上就沒有好男人嗎？

這世界上當然有許多有責任感又貼心的男人，但以琳君的特質是沒有什麼機會和他們交往。

琳君是個亮麗、花枝招展的女孩，吸引的都是那些主動、愛玩樂的男孩，而這些男孩都是早熟、性荷爾蒙發展旺盛，大部分的心思都被性的意識所佔據。

琳君不會明白，那些很積極、努力自己的未來，專心一志為了課業的男孩子，是不容易接觸，而即使接觸也不會長久的。

琳君是個視覺型的女孩，要的是看得見的東西。她不要希望和期待，她要的是她看得見的，而且能讓她喜歡和快樂的。

以我多年輔導的經驗，要導正琳君並不是那麼容易的事，就像要幫助她的阿嬤也不是件容易的事。阿嬤雖然五十幾歲，快六十歲了，做的又是勞力的工作；但她卻很在乎自己的外表，紋了眉，也化了一點妝。

「唉！」

阿嬤聽了我這些話若有所感，她坦承這些年來，她周遭一直有照顧她的人，她經驗了幾次和有婦之夫的交往，她受了許多傷。她覺得男人的甜言蜜語都是謊言，一旦事情爆開了，她都是眾人指責的對象。

這十幾年來，她偶被挑起的蠢動，都被她狠狠地打死，她不再對男人有任何期待，雖然以前她曾想過嫁給死去妻子或離婚的男人；但想想那一堆子女和錯綜複雜的家庭關係，她就害怕！她會想再嫁，圖的不過是讓自己在經濟上好過些；但以現在的環境來看，即使她再結婚也是要工作。

我想著阿嬤這些話，若不是為了要幫琳君，她一定不會輕易說出，而且講得如此坦誠和透徹！在我的看法裡，阿嬤必須先懂得自己，才能了解琳君的處境和心情。一個青春年華的女孩，最可貴的就是她的青春。她可以用它來找到未來的另一半，也可以用它來換取她所要的一切！

「我擔心琳君會走上我和她媽媽一樣的路！琳君太像我和她媽媽年輕的樣子了！」

阿嬤的擔心確實已經發生了一些，但未來會怎樣，誰也難料定。年輕又貌美的女孩，哪一個不喜歡整天被一堆男孩爭著捧在手心上？但這能有多少年呢？過了三十，接下來就四十歲，當年華漸漸老去，女人就愈來愈不值錢了，像阿嬤過了五十歲，餐廳偶有年輕小夥子對她有好感，阿嬤都直接告訴他們，回去陪媽媽比較實在。

琳君還年輕，阿嬤希望她能找到照顧她一輩子的男人，可是她又覺得現在的年輕男孩，可靠的不多，大部分都是要挑美麗和年輕的。男人都是一個樣！阿嬤這麼說我也不否認，年輕貌美本來就是吸引男人目光和接近的要素；男人大部分時候是被性主導著他的擇偶對象。

我看過許多離婚的家庭，男人對家庭的確要負很大的責任；但女人要了解男人，才有可能讓男人成為一個有責任感又願意為家庭無條件付出的好男人！

我和阿嬤在聊天時，我發現琳君和朋友走出房門，站在後面聽我們講話。這些話如果不是透過和阿嬤的對談，還真有些難對琳君談及，但這對琳君又是很重要的話題！我邀請她們一起坐下來，我們把話題從兩性關係談到婚姻經營。一個細心體貼，主動為家庭付出，有責任感又有經濟能力的好男人，誰不期待呢？但女性朋友要去思考的是，我們要找的是有這樣潛力的男孩。

我分析琳君現在交往的男人，都是看重她的美麗，琳君也了解這一點，所以她很在乎她的外表；但美麗絕不只是外表或靠化妝品塗抹出來的。

我舉我的妻子為例，她並不是外表特別美麗的女人；但她的心很美，在她周遭，很少人會拒絕和她做朋友，她不化妝，也很少花費金錢在打扮上。我也是很容易被年輕貌美的女性所吸引；但我不會喜歡和這樣的人太靠近或長久相處，因為我不是一個重視外在的人，我重視的是一個人的內在。

「妳是什麼樣特質的人，妳就容易吸引什麼樣的朋友！」

如果妳不滿意前幾段的感情和周遭的朋友，現在妳要做的，可能不是抱怨或指責，而是試著改變自己。愛漂亮是很好的事，外表的亮麗往往是第一個讓男孩注意的；但我們要很清楚，我們想吸引什麼樣的男孩和我們在一起呢？許多女孩認為暴露自己的胸和大腿，露得愈多就愈性感，讓所有男人都被妳吸引，就覺得自己很有成就感，但如果吸引到我們身邊的都是一群色狼，只想碰妳或佔妳便宜，而不是真心想要關心妳或愛妳的人，那麼吸引愈多的人，豈不是就會為自己找愈多的麻煩？

「上酒店的男人都是壞男人？」

琳君對我的講法很疑惑！他們不是壞男人，他們是花錢買快樂的男人，他們認為最好能用最少的錢得到最大的性服務，最好是免費！是自願送上門來的！在酒店找小姐尋歡的男人，花大錢買的不是酒，而是「色」！我認為每個社會都有這樣的需求，只是型態有些差異而已，因為這個世界總有許多未婚或是已婚男人未能獲得性滿足；或是做生意，為了討好顧客所安排的招待。到酒店花錢，他們不是想在這裡找到真心愛他們的女人，他們很清楚，在這裡服務的是要他們的錢，而不是他們的人。

我對琳君在酒店上班的事，隻字未提。一個大學女學生，想要名牌包，想要名牌服飾，甚至汽車，是很難靠時間和勞力，賺取供她隨心所欲花費的大筆金錢。這個社會有個很公平的機制，你願意做一般人不願做的事，而這件事又有需求，那麼我們就可能賺到比較多的錢。靠自己的美麗和年輕的身體，當然是一種快速換到錢的方法；但這些人得來容易的錢，也很快就花用殆盡，所以，我認識的賺快錢的朋友，都少有積蓄，大部分的錢都花在一般人用不到的奢侈品，小件如名牌服飾，大件如鑽戒、名錶、汽車、豪宅！

我並沒有以自己的價值觀來影響琳君，因為她有她自己的選擇，我只是希望能幫琳君做一些自我的澄清。她如此重視外貌和服飾，她真正期待的是什麼？是希望別人注意和看重嗎？她真正要的又是什麼呢？

「尊重和價值吧！」

琳君想了很久，給我這樣的答案。

尊重是什麼呢？陌生人或朋友看到我們，馬上用禮遇和恭敬的態度對待我們？

還是待我們如貴賓？開賓士車和老舊汽車參加聚會，得到的待遇的確會不同，但我們只在乎別人表面的禮遇，或是一時的尊敬嗎？我們真正要的又是什麼呢？每一個人的內在都有恐懼，害怕被輕視和羞辱，所以，我們追求身分、地位和各種不同的尊貴象徵。

而一個內在自卑和認為自己不夠好的人，更容易迷失在金錢和權力的遊戲，不只是琳君如此，檢視我們認識的一些明星和名人，不也是一樣嗎？追求各種不同的名牌和尊貴的象徵，來掩飾內在的不足和空虛。琳君說她至少有十個名牌包和許多名牌衣服，我想應該已經夠用了，她該多用些心思去努力，讓自己成為一個有自信和自尊的人。

心動力

每一個人都夠棒！夠好！不需要濃妝豔抹、華服珠寶加身、居豪宅、開名車！我們往往以為有亮眼的頭銜和大權在握，才會得到別人的尊敬，但任何人的禮遇和尊崇都只是一時的和外表的，我們真正需要的是看見自己的獨特和尊貴。真正懂得愛護自己的人，是讓自己保持著謙卑和樸實，人前人後都一致。

經常給自己省思的空間。當我們要一樣東西時，我們能真確的了解我們真正的需求是什麼嗎？可別用我們所尊重的生命和身體去交換只有表面價值的東西！

投資未來的自己

沒有一所學校是爛學校，除非是我們自己放棄自己。

建豪因涉及網路詐欺案件，接受法院的輔導，但沒多久，他又再涉及另一個類似的案件。

建豪有點不服氣，他不認為自己是詐欺，他只是多收了一點服務費，他說因為多了一些額外的服務，所以，才比市面上的產品多一些差價。

我不認為他的說法是狡辯，我覺得他是欠缺商業常識。當過度的包裝和宣傳，讓產品的實際價值和顧客的期待有太大的落差時，顧客就會覺得被欺騙；再者，事前的忠實告知和提醒是很重要的，不可誤導，讓顧客掉入陷阱。建豪一開始還拒絕退還給顧客，後來我告訴他法律上制訂的原理，如果他拒絕退還，可能要付出更多，他才心不甘情不願的與顧客和解。

建豪讀的是技術學院五專部，因為他的學校在聯考時排在末段，所以每次和他談話時，他都是用「學店」、「死要錢」、「賣文憑」等字眼形容他的學校。我多次反問他這個學校有什麼資源和條件，對他未來的發展是有利的；這個學校最大的好處和優勢是什麼，他始終沒有認真的回答。這次他再犯，做審前調查時，我要他慎重的思考自己的未來和前途！

「讀這種爛學校，會有什麼前途？」

偶然的機會下，我接觸到建豪的一位學長，他擔任電子零件製作公司的總經理，我問他是怎麼成功的，他的答案很簡單。

他說，我們的出身和條件不如別人，所以我們就要用努力贏過人家！他告訴我他讀的是三流的專科，要和前幾名的大學和技術學院競爭，不努力怎麼可能有機會？所以他進的第一家電腦公司，他總共報考了八次，也寫了好幾份企畫案，不過等他真的進了這家公司，他才知道他之前寄的履歷，在第一關就被刷下來了。

他問自己，他要怎麼做，才能被錄取。他嘗試做了各種不同的履歷，最後才發現利用多媒體來介紹自己最容易吸引對方的注意。他在履歷上把自己的優勢放大，讓公司看見他可能發揮的價值。他在面試時，主管才順口問一下他畢業的學校，就讓他嚇出一身冷汗，不過因為主考的幾位主管，都很驚訝他只有五專的程度，而且還是末段班，所以他說服了主考官給他機會。

等到他進了這家公司，他很清楚自己的目標，他就是要從這家公司的協力廠商開始做起。他很認真用心的和每一個部門建立良好的關係，當他工作到第十年，晉升為二級經理時，他評估時機已經成熟，正好公司也想要把一些附加價值低的生產線淘汰，他就因緣巧合的接收了生產機械和部分的員工。

剛開始，是只有五個人的零組件加工廠，現在他有五百名以上的員工，並在馬來西亞和中國設廠。他驕傲的告訴我，他沒有機會讀第一流的學校；但他用第一流學校的畢業生為他工作！

不過建豪並沒有因為我講這段故事而有所感動！他早知道這位學長捐了許多設備和獎學金給學校，他也到學校演講過，但建豪認為他講的都是屁話！一個人如果沒有機會，是無法成功的！

「機會不是天上掉下來的，而是你去要它，才會出現！」

如果這位學長當初沒有堅持，只是經歷一、兩次失敗之後就放棄了，他怎麼會有機會呢？機會是給有夢想、決心，而且是堅持到底、永不放棄的人才擁有的！建豪的夢想就是賺很多的錢！我問他要付出什麼才可以賺到他要的錢呢？

「努力啊！」

金錢的獲得是因我們付出了貢獻和服務給別人，當付出愈多和愈周全的服務，我們就可以賺到比別人更多的回饋，所以愈大的貢獻自然就有愈大的報酬！錢對建豪果然有些吸引力；但他卻想要賺到更快和更多的錢！

他告訴我，他設計過許多讓別人自動會付錢給他的技術，因為他讀的是資訊科，他對網路相關技術相當熟悉，他用木馬程式套取別人的資料，然後將這些資料賣給詐騙集團，每一筆是一元，他設定電腦自動為他蒐集。

他問我這樣有違法嗎？他還設計了防止被查緝的各種手法，而且他用的都是買來的假戶頭。他現在想一想，用不法的手段只能賺到一時的錢，他想要用合法的手段賺到永久和持續的錢！

「你講真的嗎？你該不會在詐取我的信任，而建議法官給你從輕處分吧？」

我告訴他，社會的經濟運作，是有需求就會有產品和機會，有病毒和木馬程式，才會有防毒軟體。

建豪認為許多病毒很可能是防毒軟體公司放出來的，他們創造了市場的需求，最聰明的公司就設計獨家可以解的「超毒」，讓其他防毒軟體死當！大家很自然的就會來買你的防毒軟體！

建豪實在是鬼頭鬼腦，但他的看法也不無可能。商業上確實有許多為了生存和利潤所產生的經營行銷手法和商業機密，建豪的推測是有可能的，但我希望能以一般消費者的思維模式去思考，用電腦的人會遇到什麼問題，或是遇到困難要如何以最容易的方式取得資訊和解決問題。

建豪對電腦的操作運用很行，他該如何利用他的能力，提供快速、即時的服務給別人？讓他會賺到錢，也會得到別人的感謝？

建豪在幾次的輔導中，慢慢有了自己人生的方向。他要做一個解決電腦問題的達人，他要做電腦醫生和教別人使用電腦的超級講師。

我很好奇他要怎麼做呢？在畢業之前，他先以學校師生為服務對象，免費組裝電腦，無論是電腦使用上有任何問題，都完全免費服務！

「免費？」

他告訴我，他有管道可以拿到比市價低一、兩成的零組件，而且雖然是免費，但對方仍要付他車馬費，一小時約一百五十元左右，他二十四小時隨叫隨到服務到家，他這種方式很受老師和同學的歡迎。

建豪很喜歡玩電腦，也喜歡嘗試各種新的軟體，尤其是辦公室或繪圖軟體、影像編輯、3D動畫等，他以一對一的方式教了許多同學，尤其是女同學！看他的表情我就知道他因此交到了女朋友，據說還不只一位。

他解釋因為許多服務都是免費的，同學就請他吃東西或送東西給他，這樣他就有許多女朋友了。建豪對組裝電腦很有心得，我問了一些外行問題，他竟然能夠講到我完全聽得懂！

「你還想要做個超級騙子嗎？」

我在輔導建豪之初，他告訴我，他看了一部電影，他給自己的志向，就是要做一個行騙天下的超級騙子，每天駕著高級跑車，左擁右抱各種美女，他也認為這個世界只有一個「騙」字，政府每天都在騙百姓，企業在騙消費者，員工在騙上司和老闆，一路都是騙！騙！騙！騙！他認為與其做個整天被騙的受害者，還不如自己做個超級大騙子！當時他考試無所不用其極的騙到最高的分數，作業常拷貝剪貼同學的作業，他上課總想著怎樣才可以矇混不用去教室！他更利用各種名目向爸媽騙零用錢！

「騙」讓建豪暫時得到一些好處，譬如他的功課大部分都及格過關，他手上總有些閒錢可以一再換手機，然後再把舊手機賣給同學，他到圖書館借書，或向學長A舊書，原來買書的錢可以拿來買吃和用的！建豪覺得「騙」是一種生存的技能，只有白癡才會相信別人說的話！不過當別人騙了他！他又覺得這是絕不能原諒的事，好像這個世界上，只有他才可以騙別人！

「我現在是懂行銷的人！老師！別這樣老是要翻我舊帳！」

幾年後我收到建豪寄給我他的新書，《如何組裝一部省錢又好用的電腦》。我和他聊起他的往事，他說他現在和幾個好朋友共組電腦研究室，以組裝服務和教學為主，他們有許多的平面和多媒體的出版物，規模雖小，但他信心滿滿的要做一系列完整的電腦學習資料中心。我對他真是刮目相看，我現在有關電腦軟體的書大部分都是他送給我的！

心動力

看重自己，就是好好利用現有的資源，好好的投資自己。

沒有一所學校是爛學校，除非是我們自己放棄自己。任何學校都有它的優勢和資源，抱怨和指責是沒有幫助的。只有積極的思考，如何讓自己持續在專業和能力上有所提升，我們才有機會在這個多元的世界，找到自己的一片天。

會使用不正當手段的人，不是對這個社會的否定，而是對自己的否定。如果我們看重自己，認為自己是有希望和前途的人，我們又怎會輕易去做傷害自己又傷害別人的事呢？

成功永遠不變的真理是努力！努力！再努力！永不放棄對自己夢想的堅持！加油！

給自己一次機會

「你不想讀書，為什麼去唸大學？」

維駿對我的問題，只是輕輕的回答，不讀大學，也不知道要做什麼。

「人活著有什麼意義？讀書！工作！就為了賺錢，然後老了！死掉！」

維駿是我多年前輔導的個案，結案之後，他還會來找我聊聊。之前在輔導他的過程中，他曾多次表達自己的灰心和輕生念頭。

維駿之前曾經不斷為逃避上學找各種理由，他的學校成績一團糟，也經常遲到和曠課。我覺得不喜歡學校生活，就不用太勉強，畢竟學校教育不是每一個人都適合，如果他不喜歡學校，那麼就去找個工作做或學個一技之長也很好，可是他告訴我他要升學！後來他去讀高職汽修科，但也是迷迷糊糊的混過了。

我經常問他一些和汽車有關的訊息和問題，他都一臉茫然。我不明白，他為什麼不選一個自己喜歡或有興趣的科系呢？看他上學一副沒精打采的樣子，我很想了解他做什麼事會有精神。

「上網玩遊戲？」

「上色情網站？」

「打球？交女朋友？」

「飆車？」

他都勉強的擠出一點笑容，他說這些都是無聊不得已才做的，究竟什麼事才是維駿真正想做的呢？

在輔導他的過程裡，我一直想找出能激發他興趣，讓他眼睛發亮的事！可是任何事都只能給他短暫的熱度。無奈歸無奈，他每天還是會去上學，我想等到高職畢業，他就該給自己一條出路了吧！沒想到，雖然他不喜歡讀書，卻竟然還想再升學，他報考大學聯考，分數雖然很低，卻也有學校可以讀。

而讀大學他也是一樣，他讀的科系我始終記不得，有點長又有點繞口，他告訴我，他上課總是躲在最後一排，玩手機、假裝在找資料，或在課堂上網玩遊戲，老師看多了，也懶得理他們，只會一再的警告會當人，不過維駿也不當一回事，一年級時，他險些被二一，二年級稍微緊張些，他下課就一個人窩在宿舍，要不上網，要不就睡覺！

「你不想讀書，為什麼去唸大學？」

維駿對我的問題，只是輕輕的回答，不讀大學，也不知道要做什麼。

他對未來抱著過一天算一天的態度！他會回來找我，讓我很好奇，我可以幫他什麼忙嗎？他卻告訴我，他沒什麼問題，只是路過無聊進來看看我！

「無聊？」

我從一進辦公室，事情一直都沒停過，想想無聊還真是一件幸福的事！不過他會回來找我，我仍很樂意提供我所知，協助他找到生命的重心和人生努力的方向！

「什麼是你最有興趣的事？」

「什麼事會讓你興奮呢？」

「有什麼人是你喜歡或期待成為的呢？」

「五年、十年後，你期待過的生活是什麼樣子呢？」

「你這一生最希望做的事是什麼呢？」

對這些問題，維駿都很茫然，因為他從未認真的過生活，從未認真的思考自己和自己想過的生活。

或許是從小父母對他照顧太多了，最後他勉強的講出他所期待五年、十年後的生活。他希望有穩定的工作，有足夠花用的薪水和有彈性、不會有太多壓力或太勞累的工作。穩定的工作就類似上班族；但要時間有彈性，他想幾點上班都可以，加上夠用的薪水，我要他算一下，這至少月薪要五萬元。他除了時間和勞力外，並沒有特別的專長和技能！我不認為這樣的工作不存在；不過如果希望達到他的理想，他就要有相當的技術和能力。我們談了一個多小時，維駿猛打哈欠。他說他累了，想回家睡覺。我再見到他，是五年以後。

他大學畢業，也服完兵役，他找了幾份工作，但都只做幾天，連薪水都沒領，他就決定換工作。一連幾個月，他都是待業中，他覺得有些無聊，就電話連絡要來找我。

「讀大學有什麼屁用！」

我們聊到他找工作的經過，他開始為自己沒有工作做辯解，他說不是他不想工作，而是別人要他做的，都是一些簡單打雜的工作，國中生都可以做的事，他覺得自己是大學畢業，做一些毫無技術可言的工作，對他而言，他真的是受不了！他也找過和他學校科系相關的工作，但對方的要求又太苛刻，要有英文中上能力，日文略通，要這個證照，要那個檢定之類的

「一堆屁！」

我看著維駿，心中有股說不出的難過。

他從未對自己及自己的生命負責和努力過，也從未好好思考和投資自己。當自己窮途末路時，只有一堆抱怨和指責，我心裡最想講的是「活該！」但我又不忍心，畢竟他會想到我，我總應盡我最大的努力，給予他一些協助！

「什麼時候開始投資自己都不嫌晚！」

「老師，我想準備考研究所。」

維駿似乎誤解了投資自己的真正意思。即使他再混一張研究所文憑，他的困境依然不會改變。這個社會需要的是技術和能力，絕不是一張文憑！

「你對什麼有興趣？」

維駿仍是一臉茫然，他告訴我他連睡覺都很厭煩，一天有太多時間在睡覺，到了晚上，想睡也睡不著！這是可以想像的，因為甜美的睡眠是給勤奮付出者最好的報酬，維駿整天無所事事，他只能得到睡眠的惡懲！

我分析一個人的動力，來自一個人的渴望。沒有飢渴，我們不會找水和食物。我希望他能搬出來自己一個人住，一個二十五歲的人住在父母的房子裡，花用父母辛苦掙來的錢，他完全沒有「錢」用光的危機，也沒有沒飯吃的恐懼，他是不會想勞動的。唯有經歷這些痛苦的折磨，我們才會珍惜工作。維駿還年輕，可以有機會選擇做自己喜歡的事，又可以賺到生活所需，等再過幾年，他就沒什麼選擇了！他只能為了薪水而工作！

「看電影！我的興趣是看電影！」

「看電影要成為一份工作，有可能！但維駿可能不會喜歡！」

我有朋友以看電影為工作，有人做翻譯和上字幕，也有人做剪接，當然我也有朋友做影片分級審查工作，如果維駿喜歡，當然可以往這個領域去發揮，這和他在大學讀的科系有些相關。但我解釋給維駿聽，我現在和他談的是工作的性向。我特別找了一份問卷「我喜歡做的事」，給他參考。他花了一些時間做出來，卻是沒有明顯的結果。

這是一份給國、高中學生做的職業性向測驗，維駿已經二十五歲了，對自己的認識卻仍然模糊不清。最主要的原因是他從未主動為自己努力過，他所有的學程都是以混過為目標。

他抱怨大學文憑沒有用，我反問他大學有認真用功過嗎？我雖然比別人晚五到七年上大學，但我上大學時幾乎沒有讓自己閒過，我大二時就編書出版，四年共編了三套書，雖然這些努力和我未來的發展沒有太大相關，但我珍惜每一個可以學習和表現自己的機會。

在我的工作上，我是站在第一線做直接服務，我每天花許多時間在個案上。十幾年來，我對自己的專業一直兢兢業業。其實，用心和努力的態度是最重要的，維駿現在才二十五歲，還來得及，但時間不等人，如果再十年、二十年，他都不努力，那麼他的結果就會和今天一樣，內心裡充滿著怨恨，而不是感恩！

「你期待什麼，你就要去付出什麼！」

工作可以是為了一份薪水，但更可以是人生學習和成長的旅程。找一份自己有興趣，也會讓自己興奮和狂熱的工作，自己才會在工作中找到活力和熱情！或至少也要找到一份自己不討厭的工作，否則為了一份薪水，身心都要備受折磨，這一份薪水的代價就太高了。維駿什麼時候開始努力，他什麼時候就會開始有不一樣的人生！

「維駿！你什麼時候開始認真思考，和開始你的行動呢？」

「再看看吧！」

維駿可以繼續拖延，他可以繼續敷衍，但時間會過去，如果五年前他認真思考，並開始努力，我可以確信他現在一定是一個絕對不同的人，如果他現在仍然用這種過一天算一天的態度，五年後，他的情況會依舊。

人生是公平的，你付出什麼，你就可以得到什麼，每一個人都要為自己負責！再多的抱怨都是無益的。

我要維駿認真的寫下自己人生的目標和期待，目標不一定要偉大，就像我立志做一個平凡而有影響力的人，我的生活簡單而規律，我身上盡可能不帶沒有用的東西，我讓自己的生活常處於平靜和喜悅！我不會有什麼亮麗的頭銜，我也不會讓自己擁有特權。維駿也可以去思考，他自己真正想過的生活是什麼。基本的生活是必要的，但也沒有那麼大的困難。只要他肯付出時間或勞力，這個社會依然有著各種不同的機會！

「你什麼時候開始過你想要的生活呢？」

每一個人都是一座寶藏，生活有各種可能。但如果沒有思考、沒有行動，寶藏不會顯露；生命中的奇蹟，是不會展現的！

心動力

維駿會不會改變，是他自己的事，就像我為我自己負責，每天都盡情享受上天給予的學習和自我提升的恩典。

你如果知道自己是一座寶藏，如果你知道你想要做的每一件事，都可以實現，你會用什麼態度來努力呢？我們此時此刻的努力，都決定下一個片刻我們將過的生活！別輕易因拖延和懈怠，讓我們的生命因此灰暗和沒有顏色！

給自己的生命一次閃亮而精采的經驗吧！

就從你現在的決心和行動開始！

chapter5

做自己生命的領航員

這個社會有多少人，就會有多少不同的想法和感受。每一個人都不是完美的，所以每一個人都應該持續學習和自我提升自己。但我們很容易美化專家、學者或是一些傳教師或心靈導師的人，因此常有一些人因迷戀或相信這樣的人，而身心受到嚴重的創傷，利用這些頭銜騙取別人金錢或情感的人固然可惡；但會去相信這些「明師」、「大師」、「專家」、「學者」的人，也應該自己負些責任。

我不是要告訴大家，人是不可相信的，而是要讓我們清楚明白，人不是靜態和穩定的，人是動態和浮動的。我們的思想、情緒是很容易隨環境和人與人之間的互動，而隨時變化的。如果能學習看見自己內在飄浮不定的心緒，我們就會對世界的一切，有比較寬容的期待，我們也就不會拿別人的錯誤和不完美，一再的來紛擾和懲罰自己！

「我只是一個人生舞台上的演員！」清楚我們扮演的角色，我們就比較可能做自己生命的領航員！

學習和自己和好

我告訴他，如果期待孩子能快樂，一定要先讓自己快樂。

如果想改變孩子，一定要從改變自己做起！

孩子許多情緒的問題和父母有直接的關係。

前些日子我接到一通陌生的電話，對方足足罵了十幾分鐘，她責問我為何要傷害她的親人，等我問清楚事情的經過，我才知道她有位親人聽我的演講，也買了我的書，還打電話來問我孩子的問題，因他的孩子有憂鬱症，他很想幫孩子，但不知該如何協助。

我不是醫生，我建議他一定要聽從醫生，接受完整的治療。我告訴他，如果期待孩子能快樂，一定要先讓自己快樂，如果想改變孩子，一定要從改變自己做起！孩子許多情緒的問題和父母有直接的關係。

誰知道這位家長，把我說的話聽成他的孩子生病，都是他的錯。他每天就自責難過，導致他自己憂鬱症的病情更加嚴重。他的親人責問我，為什麼要這麼主觀和武斷的給別人建議。我解釋每天我要接無數陌生的電話，我只是分享自己的一些看法，我期待自己的分享能多少幫助別人。

一個助人工作者，要忠於我們服務的對象，忠實的提供自己的所知所學，這是我們助人工作者的倫理。我希望對方能諒解，電話簡短的諮詢，無法像個案輔導，有長時間去了解個案問題，所以我也無法得知打電話給我的人患有嚴重憂鬱症。但她嘲諷我是個假有愛心的人，為什麼要提供諮詢電話給她的親人，我無法回答她。

在公務機關服務，我當然可以拒絕這樣的陌生電話，但我的工作職責是服務我手上的個案；當我初任公務員時，我的一位長官訓勉我們，若我們願意多付出一些關心給民眾，民眾就可減輕許多奔波，而這不對嗎？

但對方根本就不聽我解釋，她接連用許多不理性的話，像連珠炮般的罵了好一會兒。她親人病情惡化是個事實，但我已經接連的表達歉意。最後她警告我，別再隨便假好心的想要幫助別人，由於她的言語實在是尖酸刻薄，直接傷到一個人的尊嚴，掛上電話後，我許久都難以平息。

我從事這個工作被誤解是常有的事，我也習慣在這種時候低頭默禱，但我的心翻湧著這位陌生小姐的尖銳指責，我的內在也為此爭辯不休。

我知道我必須懺悔自己的不夠周全，沒有考慮太多，就給一個憂鬱症患者意見。我知道除了感恩和祝福，我無法平息我內心的爭辯。

我希望神能聽見我的聲音，用祂的大願力協助他們離苦得樂，祈願他們早日脫離憂鬱症的折磨，雖然我連他們的姓名都不知道；但我相信神會找到他們，並給予他們最大的協助和祝福！

我也感恩他們是神派來的天使或是菩薩，是來教導和提升我。無禮和謾罵是神的考驗，祂要讓我知道在任何時候的任何處境，都應保持著正向積極的思考。每一個事件的發生都是有原因的，而且都會是神最好的安排。

默禱中，我流下了眼淚，神的恩典讓我有那麼多的機會可以看見自己的傲慢和不得批評的嬌弱。

我才剛開始不斷提醒自己要以同理心看待這位小姐的言語，我要原諒她，但我又聽到神的聲音是「沒有人是有錯的！只是觀點不同，要從中得到改善和學習，要感恩所有的一切都是恩典和禮物！」

我們的習慣，就是當我們受挫或不夠好時，會把責任推給別人，但任何事情都不會平白發生，它的發生一定是有原因的，而且也是我們學習和自我提升的好機會。

我被指責沒有愛心，我反省自己確實做得不夠好。我常連自己都照顧不好，所以才會在言詞上夾帶不悅的情緒，我沒有辦法做到客觀和盡如人意。

愛是永遠的學習，讓我們有機會了解自己對愛的無知和疏離。我被指責言行不一，但誰是真正言行一致了呢？或許大部分的人，心裡想的和所做的事，也都是起伏波動，每一刻都有著種種的變化。檢視我自己的言行，大部分時候也都是言行不一，甚至是矛盾和衝突。

是的！對方不是指責，她講的是真實的事情，她批評我，寫書是為了賺錢！演講是為了鐘點費！難道不是這樣嗎？我每天辛苦的利用空檔的零碎時間，常打字打到手腕關節疼痛，甚至無法使力！我利用晚上下班時間四處演講，晚餐常常都只能快速的塞入腹中，講完回到家都已夜深，隔日依然要早起上班。

當然，我心中有一些自認為的理想和使命；但如果不是需要錢，我會這麼努力嗎？所得的錢有一部分拿來幫忙需要的孩子；但大部分的錢都是存著為我孩子未來要到國外唸書做準備。

她講得很真切，我是為了鐘點費、為了錢。但為什麼覺得她在羞辱我呢？人需要錢，只要得來的錢是正當的，又有什麼不能坦然面對呢？為什麼我要因她講了實話，就惱羞成怒的起怨恨心呢？

一通陌生的電話，讓我起了煩惱，但也有機會讓我重新檢視和學習，因而更了解自己。

我該大聲的回應她，我是一個不懂愛心的人，因我一直在學習！我是一個愛錢的人，因為我需要。沒有錢，許多事我就做不了。謝謝這位陌生的天使，給了我如此多的恩典和禮物！

心動力

學習和自己和好，就是讓心中的紛擾得以平息。

在波濤洶湧的內在世界裡，學習去聽見、看見自己內在的聲音和世界！打擾我們，讓我們紛擾不定的人，不會是我們的冤親債主，反而會是我們生命的天使和菩薩！感恩每一個事件的發生，它們的出現都會是有原因的。用心去學習，我們就可以了解，一切都是上天最好的安排！

永遠都給自己和別人機會

在他的信紙上留有許多淚水的漬痕，他是落著淚寫這封信給我。

我有個未曾謀面的朋友慶雄，他目前在監獄服刑，因為看了我的書十分的感動，因此和我保持著書信的連絡。

他犯的是殺人罪，殺的人是他的妻子和他的好朋友。他和他的好朋友從小一起長大，一起工作創業，因為他在中國工作，所以就請好朋友幫忙照顧家裡，沒想到好朋友和太太之間，竟然發展成婚外情。

一個是他的知交好友，一個是他摯愛的妻子，他在中國經歷多次事業的失敗和種種的誘惑，他都堅持奮鬥到底，因為他的太太和孩子是他最大的支撐力量。他在信中告訴我，他在中國絕不碰其他女人，因為他要讓太太擁有全世界最完美的丈夫和給孩子最好的父親。

當他知道他太太和自己最好的朋友有不尋常關係時，他痛苦萬分。這位好友從小和他一起長大，他有什麼好處，第一個想要分享的，就是他這位朋友。他就是相信他，才會讓他經常到他家出入，但沒想到他卻和自己的太太產生感情。

他因殺人罪被判了十年的徒刑，但他內心裡充滿著恨，他不斷的問天、問神，為什麼要如此的折磨他。

他原本是要自殺，但想到他的孩子已經沒有媽媽，不能再沒有爸爸，所以他殺人之後就去投案。在監獄服刑時，他遇到許多人和事，讓他對這個世界更覺得寒心和害怕，他不知道還有什麼可以讓他相信。

「人是不可靠的動物！」

有一次，他在信裡這樣陳述他的看法。人類因為有思想，所以的確比動物更加的複雜和難以信任，這是正確的。就如同他在情慾的掙扎中，曾有多次差點脫軌，但在緊要關頭，他跳脫了，我很佩服他內在的道德和良知的堅定。由於他對自己的要求是如此的高，所以他對他的朋友和妻子，也有同樣的期待，他也不懂，他可以做到的，為什麼他們會做不到呢？

殺了他最好的朋友，他再也沒有朋友了；殺了他最心愛的人，現在只有孩子是他的希望；但孩子來看過他一次後再也沒來過。讓他最心疼的是他年邁的母親，她不識字，每個月都要一個人坐車從鄉下，轉幾次車才能來看他。每次看到他的媽媽，他都忍不住的大哭出聲。他太對不起他的媽媽了，她那麼的愛他，但他卻很少想到他的媽媽。

在他的信紙上留有許多淚水的漬痕，他是落著淚寫這封信給我。

他媽媽來看他時，她不知要對他說什麼，只希望他好好照顧自己，她會把兩個孩子顧好等他回來。如果沒有孩子，他真不知道他的未來希望是什麼。他現在知道他的媽媽，是他在監服刑時最大的精神支柱，他出獄後，一定要好好的報答媽媽！

「除了孩子、媽媽，我的未來在哪裡呢？」

一個服過刑的中年人，家破人亡，一無所有，要重新開始確實是很困難！但我相信天無絕人之路，只要他懷抱著希望，願意去付出和努力，在這個社會要有一個立足之地並不困難。

他會寫信給我，是我書中曾提到我的父親也曾是個更生人，他的一生命運坎坷多變，但他始終保持著堅定的態度，勇敢面對生命中的種種考驗。

我相信慶雄的孩子，未來也會以他的父親為榮。監獄裡的受刑人，就是因為有希望、有著對未來的期待，所以，大家才能忍受所有的苦。我自己的所學和獄政有許多相關，我一直覺得受刑人能忍受窄小的舍房和遵守著各種不同的紀律，是件很不容易的事。

如果用另一種角度思考，一個人能歷經監獄的磨練而不死，這個社會還有什麼比監獄更辛苦的事嗎？我鼓勵慶雄要對自己的未來充滿信心，在獄中要善用每一個可以學習和利用的資源，用心學習充實自己。他要我寄一些英文書和商業管理的書給他，他在獄中無聊時就背英文、看書。

因為環境單純，他把我寄給他的書幾乎精讀到整本書都背起來，他背熟了上萬個單字，他在信中告訴我，他連做夢都用英文對話，平常就用英文思考和自己對話。他的信有時是用英文寫，我很慚愧自己一知半解，我也無法使用英文和他對話，不過我介紹一位美國回來的朋友，讓他以英文和他通信，幾年就這樣過去了。

今年六月他假釋出獄，我們終於有機會見面，他很幸運的透過我這位朋友的介紹，找到了一份還不錯的工作，他兩個孩子也都上了國中，他還把鄉下的媽媽接來一起住。

他告訴我，生活雖然平淡和簡單，他卻是最幸福和富有的。沒有失去的，我們永遠不知道它的珍貴。他不僅原諒了他的妻子和朋友，還到他岳父母家，去向他的岳父母表達自己的歉意。

外遇儘管是件錯事，但他畢竟太衝動了。他殺的不只是他的妻子，也是他孩子的媽媽，他也到朋友和妻子的靈骨塔祭拜。萬般的錯都不能改變什麼。如果能夠重來，他一定不會犯下如此的蠢事。情愛是一時的，誰都會有迷失的可能。

慶雄也因我朋友的影響信了教，他成為一個四處見證和分享的教徒，他也常回到監獄去鼓勵尚在獄中服刑的獄友，永遠不要放棄自己！

心動力

有一天我和慶雄碰面，我問他如果時間可以重來，他還會衝動的殺害自己的妻子和朋友嗎？慶雄毫無考慮的回答：「一定不會！」

「為什麼？」

目睹自己的妻子和最信任的朋友，全身赤裸的在房間偷情，不生氣嗎？慶雄告訴我，這件事沒有那麼重要。

這幾年他在獄中，深深的解讀自己，有幾次他和這位朋友的妻子獨處，他也曾有過性的幻想和衝動；但他很幸運，當時的情境都不適合，所以沒發生婚外情，否則今天被殺的可能是他，而坐牢的可能是他的朋友！

人對自己幸運沒發生的事，往往不會坦承！但對別人的失控，卻是理直氣壯的討伐！

慶雄告訴我男女的情慾不是理性，他在獄中或現在因性慾的關係也常會有性的幻想；但他已知道如何和自己的性趨力和平相處。每一個男人都要警覺自己可能會因性的趨力，而做出違背社會期待和法律的事。

我很好奇，如果時間倒轉，當一個丈夫目睹自己的妻子和好朋友發生姦情時，慶雄會怎麼做呢？

他告訴我，如果他真心愛他的太太和朋友，而他們兩個是真心相愛的，他就會退出丈夫的角色，成全他們！但如果他們只是一時脫軌，他會盡最大的努力，協助他們走回正軌上。當時他太衝動了，太太給他戴綠帽子，對象又是他最信任和最知己的朋友，他覺得被欺騙和污辱。

人是不穩定和容易受誘惑的，都可能迷失和衝動，再大的錯和罪，都可以蒙主救贖，他有什麼不能原諒的呢？

一路上，我們沒有再對話，但內心充滿著寧靜和祥和。

上帝可以救贖所有的罪人，原諒所有人的錯；我們為什麼不能原諒自己，給自己一個重生的機會？我們為什麼不能原諒別人的迷失和一時的錯誤呢？

我們決定了自己的一切

「你有感覺到自己的一點幸福嗎？」

智鳴對我的問話，有點不知所措。

「幸福」對他而言，是陌生和遙遠的滋味！

智鳴是我輔導多年的孩子，他因一再的吸毒，被勒戒和戒治沒有效果，最後被裁定執行感化教育。

在執行前的幾天，法院正好辦理到植物人中心服務的活動，我邀他一起參加。

而這次活動，他恰巧遇到他國中同學，兩個人有說有笑的，但等進到創世紀植物人中心時，他們就一直保持著沉默，笑也笑不出來。

這次的活動主要是讓孩子了解，健康不是每一個人應得的，有太多的人是沒有福氣享有健康的。植物人中心的志工，特別介紹幾個年輕的病人，有因為飆車造成大腦受傷成為植物人的，現在才十九歲，有吸毒過量而昏迷不醒的，年齡也才二十出頭。志工告訴我們的孩子，健康只有在失去的時候才會了解。

志工在講解時，有一個孩子私底下和另一個孩子說：「與其這樣活著！死一死還比較乾脆！」

講解的志工請孩子們看清楚，這些病人連自己吃飯的能力都沒有，哪有能力自殺！

「可憐啊！」這個孩子輕率的態度，讓這位志工十分不高興。她嘲諷的說，可憐的不是這些無可奈何、不想活也沒辦法的病人，而是一些健康的人，就是不珍惜自己，要去飆車、吸毒，把上帝賜予的恩典，硬是糟蹋了！

這番話果然有效，這幾個孩子收斂了輕浮，在服務時都非常努力。

中心特別安排這些孩子，給病人按摩和拍背，我看這些孩子握著瘦弱無力的手，那種深怕一用力，就會扯斷病人手臂的謹慎，我也特別注意智鳴，他一直保持著沉默，最後心得分享時，他也沒發言。

回家的途中，我特別和他坐在一起，希望他能和我聊一聊他的心得。

智鳴的家庭背景十分複雜，母親和繼父都是再婚，又各自有子女，他的家庭欠缺穩定和平順的氣氛，每個人在家裡火氣都很大。

他的爸媽為了生活的壓力，忍受工作時的各種委屈，等一回到家，就很容易一觸即發，幾個孩子又因為有不同的父親和母親，雖然大家生活在一起，但要同心實在很困難。

智鳴和同母異父的哥哥是同一家的，會和完全沒有血緣關係的孩子一起對嗆，最可憐是他弟弟，他是媽媽和現在繼父生的孩子，表面上他資源最多，但實際上，兩邊的哥哥、姐姐都排斥他，不過很奇怪，在家他們會吵，出了家門，他們又很自然的團結在一起。

這樣的家庭背景，在家不大聲就什麼都不是！不搶就什麼都別想有！所以可以想像做粗工的爸媽，一回到家，孩子就爭相告狀，結果就是被打、被罵！到最後大家互動漸少，他們相互保持距離，非常生疏和冷漠，他們沒有人會主動為別人做什麼，也不會有人關心其他人。

我去智嗚家查訪時，他的家除了簡陋，就是亂和髒，客廳椅子上堆滿了衣物，衣服上有污黑汗漬，空氣中有股酸臭味，但好像他們所有的孩子已經都很習慣這樣的環境！

「你有感覺到自己的一點幸福嗎？」

智嗚對我的問話，有點不知所措。

「幸福」對他而言，是陌生和遙遠的滋味！

「你有沒有覺得，自己擁有的雖然不多；但和這些植物人比較起來，你還是很棒的！不是嗎？」

在法院工作十幾年，我知道這群孩子都有一個很獨特的地方，就是不容易被感動，對許多事都很麻木和冷漠；但從他們的成長背景來看，也可以稍微理解，另外，也可以說他們習慣把自己的情緒和想法隱藏起來，什麼事都當做沒發生過。

智嗚遲疑了很久，都沒有回答我的問題。

看他的樣子，又不像在思考我的問題，等我再問他時，他擠出的話讓我有點驚訝！

「他們為什麼不會死呢？」

植物人活著就為了那口呼吸，要讓那麼多的人為他們付出和工作，活著的意義是什麼呢？智嗚的看法，認為活著是對他們的一種懲罰，不過他也覺得，這些不愛惜自己健康的人，他們活著，相對也在懲罰這些服務他們的人。

或許是吧，但這些植物人，也是有存在價值的，他們創造了工作機會和志工服務，他們也提供了教育的功能，讓健康的人，能懂得愛惜自己的健康，讓吸毒和愛飆車的人，能知警惕及時悔悟！

「這是什麼鬼天氣！好熱啊！」

因為我們坐的車冷氣有點故障，車內很熱！每個人都滿身大汗，智嗚可能怕我訓話，就藉口太熱，打開窗戶，但仍哇哇大叫！

「的確很熱！但你知道熱也是一種幸福嗎？」

我想著剛剛看到的那些終年臥床的病人，感覺此時的熱氣逼人，就不是那麼難以忍受。

幸福是比較而來的，智鳴常覺得自己的家很亂、很糟糕，是因他和同學，以及和電視劇裡的人物比較，相較之下，他覺得他什麼都沒有！

智鳴幾次被收容，他的媽媽就只來看過他一次。

他曾告訴我，他連被關都覺得自己低人一等，沒人來探視，沒錢買東西，而他的舍友，還有爸媽天天來看的。怎麼會差那麼多？

在服務植物人時，我特別幫智鳴問志工一個問題，想讓他了解，植物人也有幸與不幸。

幸運的在家有專門的外傭照顧，次等的是在機構接受專業的照顧，再其次的，就一個人窩在陰暗的角落，一天可能吃了早餐，其餘的就要等晚上才有人來餵食和換尿布，他們身上長著褥瘡，化膿壞死，他們每天和屎尿為伍，惡臭的程度絕對更甚智鳴的家。在機構的植物人，有的家人送來後，就再也不管，也有家人天天來探望的。

什麼是幸？什麼是不幸？

「人活著很沒有意義！」

智鳴心中有股怨氣，他直述在學校有讀不完的書，做不完的功課和考試，等到離開學校要工作！要生活！每天都累得要死，人為什麼而活著呢？但不活著又不能自殺，一不小心變成植物人，還要拖累別人！人為什麼要活著？辛辛苦苦一輩子，即使像王永慶，最後也是要死，這樣的死和現在趁年輕，能玩就玩，能瘋就瘋，一不小心被撞死或打死，有何不同呢？

「一個人如果沒有人生的目標和方向！活得長與短，的確沒什麼不同！」

王永慶先生的生命和一個利用權勢貪污腐敗的政客，或是一個每天喝酒吸毒、醉生夢死的人，一定是不一樣的！

不一樣在哪裡呢？雖然最後都是嚥下一口氣，但生命的價值一定是不同的，就像一個努力用功的學生，成績雖然不好，和一個完全都不努力，成績也不怎麼好的人比，兩個人的命運會一樣嗎？

我無法對智鳴多解釋生命的意義和價值，因為這是一件不容易的事，每個人對哲學、文學或科學上的認知，都有著截然不同的看法，我尊重這些看法；但無論是誰，我們都要珍惜生命的所有，用努力去學習、提升自己生命的品質，也許一個人活的時間不是很長久，但卻能給這個世界留下令人感動和懷念的禮物，而不是遺憾和禍害！

「你可以選擇自己要當一個什麼樣的人！」

長久以來，智鳴都不是一個負責任的人。很多事，他都是先做，後來才後悔。人生應該在跌倒又站起來的過程中，學會自己要走的路，如果沒有，那就要勇敢的承擔自己所選擇的一切，無所怨尤的接受一切，就像智鳴一再的吸毒，結果除了法律的懲罰，就是對自己前途和健康的摧殘！但智鳴無法有怨尤，因為一切都是自己的選擇！

「再給自己一次機會吧？」

與其過一種混亂的人生，為什麼不給自己一個有希望和活力的選擇呢？我不期待智鳴給我什麼承諾！我期待他從現在開始改變！只要有改變，我們的人生就會不一樣！

心動力

在法院工作，我每天都要和掉到泥淖中的孩子搏鬥，這幾年，我已經不再給孩子太多的教導，因為每一個人的生命都是一種選擇！

我選擇做一個孜孜不倦的作家，每天不間斷的讓自己的手指在鍵盤上滑動；我選擇做一個孩子生命中的貴人，我付出我的時間及一切熱誠；我選擇做一個帶給家人歡笑的父親和先生，每天進家門前，我都要充滿幸福和歡悅的心情；我選擇我的人生平凡和簡單，那麼我就要避免讓自己陷入紅塵太多，保有自己的獨處和寧靜！

你要什麼樣的人生，由你自己決定！

去做就對了

冬天時，在美髮店打工的欣愉給我看她破皮粗糙的手。

她告訴我，她會忍住所有的辛苦，因為她要給自己一次成功的機會。

沒有夢想的生命是件悲哀的事！但如果人生只有夢想而沒有行動，那也只有遺憾。

我的孩子並不是一個聰明的孩子，他從小總是慢半拍。他在他的自傳裡寫著，經由他的努力，他幸運的完成他的第一個夢想——進入建中就讀，而他現在眼前只有另一個目標，就是進台大物理系。

上高中後，他並不像其他建中的孩子靈巧和聰明，一些需要記憶背誦的功課，常常使他人仰馬翻，他往往要比別人花更多倍的時間才能完成；但他積極、努力以赴的態度，卻讓人敬佩。他的媽媽擔心他壓力太大，開玩笑的對他說，別這麼情有獨鍾，一定要進台大，清大、成大，還有許多名校也都有很棒的物理系，或者不一定要讀物理系，別的科系也不錯！

「我就是要！而且一定要！」

他看起來溫和，但展現難得的決心和毅力。

他告訴我們只有上台灣第一流的大學，他才有機會上全世界第一流的物理研究所──麻省理工學院，他也才有機會拿到諾貝爾物理獎。

他的口氣很大，志向也很高，至於做不做得到，我們一點也不擔心，因為人生不就是築夢踏實、勇往直前嗎？只要堅持努力、永不放棄，能不能完成目標不是太重要，因為有努力，因為有堅持，我們對人生的體悟就會絕對不同！

我太太常戲稱我和孩子是瘋狂父子組，我們兩人只要談到夢想，眼睛就發亮。

她對我們的評語是：如風般的決定自己的夢想，卻如鐵般的堅定，不達目標絕不退卻！

在我每天送孩子上學途中，我常會和孩子聊到自己的一些想法，我們都認為，上天恩賜我們可以完成任何願望的機會，為什麼大部分人都放棄了呢？為什麼只甘心做和昨天一樣的自己，不肯向前跨步，看看外面的世界呢？只要你有想法，你就會有衝動要去完成它！只要你開始行動，你就一定停不下來。

我和孩子都很喜歡卡通《海賊王》，雖然內容脫離了現實；但魯夫帶著這群朋友，一起航向偉大航道的決心和勇氣，卻讓人熱血沸騰！

我們也很喜歡另一個卡通《烏龍派出所》，主角兩津是一個品性不是很好的人；但他卻多才多藝，勇氣十足，只要是和吃，以及賺錢有關的事，他的潛能就可以發揮到極限。我和我孩子都不重視吃，也不把金錢放在心上；但我們總有許多想做的事，我們想激發出自己的無限潛能。

我的孩子上國中時，他就下定決心要讀表哥就讀的學校「附中」，但他私底下卻告訴我們，他心中真正的目標是建中。

誰會相信一個各項表現並不傑出的孩子，卻果然如願的進入建中呢？他接下來的目標是台大物理系，我看他專注的參與物理研究社的各項活動，並認真的準備未來的各項考試，雖然我不確定他的夢想一定會實現；但我看見他的行動，一直朝著目標在努力！

我也用我孩子的態度鼓勵法院的孩子，他們大部分都是學業上的創傷者！他們在學業成就上沒什麼成功的經驗；但我鼓勵他們別放棄自己的夢想！欣愉就是一個被我的鼓勵所感動的孩子。

她國中成績很差，勉強拿到畢業證書；但她下定決心，要做第一流的美髮設計師！她讀夜校，白天在美髮店擔任學徒。冬天時，她給我看她破皮粗糙的手，她告訴我，她會忍住所有的辛苦，因為她要給自己一次成功的機會。

在美髮店裡，她常是第一個上班，等她下了課，她又主動到店裡收拾。她曾告訴我，她寧可年輕時少睡多做，手心破皮，也不要讓未來黯淡無光，心痛一輩子。

在她高職畢業前已經通過許多考試，擁有多張各種不同的證照，所以她一畢業就被老闆指派擔任一家全新開幕的美髮店店長。

她得意的告訴我，她是體系中最年輕的店長，有十幾個員工和她一起打拚，她的目標是做美髮體系的第一名，是做美髮界的NO.1。

見她得意的笑，我忍不住低頭看她的手，那雙手粗糙得實在不像一雙少女的手。雖然她已經當上店長，但她仍親自全程服務她的主顧。沒有這些客人的支持和鼓勵，她不可能有那麼好的業績，雖然幫客人洗頭時，要忍受洗髮精刺入手心的痛，但她仍面帶微笑咬著牙，苦撐過去！

「一個頭，一個恩情！因為這些恩人的鼓勵，我才有機會擁有自己的一片天！」

我的一位好朋友，也是她的忠實客人，雖然要坐半個小時的車程，才能來到店裡接受她的服務。但這位朋友告訴我，欣愉的服務讓她有一種說不出的舒服！心情不好時，讓欣愉幫她洗洗頭，她全身都會充滿了精神。

我開玩笑說：「她的名字叫欣愉！所以，每一個遇到她的人，都會很快樂！」

我問欣愉，她成功的祕訣是什麼。

「想到就要有行動！做了自然有收穫！」

我另外一位朋友是做房屋仲介，他剛開始做這個行業時很挫敗，連續六個月沒有成交任何一個案子。他一再的檢討自己，蒐集所有專家的心得，也都一一做了，但他的業績還是掛零。不過他始終相信，任何的成功都是由無數的小成功累積而來的。

他在他的服務區域，逐一的拜訪客戶，製作了詳細的購屋、換屋的流程和資訊，他並密切注意附近的新建屋和搬遷情況，他也詳細的整理和分析每一個家庭購屋和換屋的可能性和時間。

六個月過後，他開始成交第一戶房屋，之後他的客戶幾乎沒有斷過。因為他已經觀察過這些客戶的需求，仔細的分析附近每一棟的屋齡和建築品質，讓人想要不信服他，都實在很不容易。

我問他成功的祕訣，他告訴我：「再偉大的思想和訣竅，都是要靠行動才能驗證！做就對了！」

我很疑惑前六個月他是怎麼撐過來的，只領基本的底薪，還要忍受主管老闆的強大壓力。

他開玩笑的說，他是以我們一輪車的精神來支撐自己：「信心、毅力、勇氣！永不放棄！堅持到底！」

其實他自己也懷疑過，他適合這個行業嗎？他的努力有機會成功嗎？

後來他了解到，沒有努力，一定不會有成功的機會，為什麼不再努力試試看呢？如果不成功，自己也沒什麼損失；但如果成功了，自己不就賺到了嗎？

我後來再拜訪他，他更忙碌了，他告訴我，他不僅很努力，而且還結合一群很努力的朋友，彼此交換資訊，相互介紹客人。

他得意的告訴我，他現在生活中最大的樂趣，就是和一群努力的人一起工作！

「那種充滿希望和鬥志的感覺太棒了！」

我常問我輔導的孩子，你什麼時候開始享受這種奔騰的快感呢？

成功沒有捷徑，就是：「努力！努力！再努力！永不放棄的努力！人生一定會成功！」

努力的人會吸引一群努力的朋友，相對的，懶散和等待拖延的人，也會吸引這樣的朋友。

失敗的人，找無數的理由；但成功的人，卻努力找方法喔！

心動力

一個人的態度是決定成功與否的關鍵。

成功沒有特別的定義，你想做的一切，如果你都如願完成，那麼你就成功了！要成功很簡單，就是不達成目標絕不放棄！不過要成功前，你先要有夢想！

先問自己：你想要什麼呢？

勇敢的許下你遠大的志願！

「我要……！」

然後立刻開始行動！去做就對了！做了就一定會有收穫！

一個豐富和精采的人生

小小的夢想，會激發偉大的熱情，我並不在乎我的孩子是否能夠做到，但我在乎的是他有沒有夢想。

如果人生是個舞台，我們都是舞台上的主角，你會想在舞台上演出什麼樣的戲碼呢？在我們年老將離世的那一刻，我們回顧我們的人生舞台，我們期待自己能看見什麼呢？

十幾年前，當我思考這個問題時，我決定給自己一個精采而豐富的人生。

我是法院的少年保護官，我主要的工作，就是分享我生命中的希望和愛，給我手上的這群孩子和他們的父母。

我是個作家，我要持續不斷的創作，實現我年輕時許下的目標，完成一百本著作，而現在已經完成四十幾本！

我要做個天才般的爸爸和丈夫，創造我家庭中的樂趣和溫暖！

我要帶領我的家人，上山下海創造各種不同的生活經驗！

我是個生命的創新大師，我會持續把我的創新構想，研發成各式的發明！

我也是個藝術大師，時空允許我繼續我的繪畫和雕塑！

我是個分享生命經驗的大師，我要幫助上班族享受工作的樂趣與成長，我要協助研發人員看見自己創新的天賦，我要幫忙業務行銷人員，成為穿針引線的人際高手，我要分享我生命中的無限可能，讓所有人都能懷抱希望，我也要讓與我緣遇的人，看見自己的愛和天才！

「我要！」

「我要！」

「我要！」

但我和大家一樣，一天也只有二十四小時，我怎麼可能要那麼多呢？放心吧！勇敢的去要你想得到的一切！但我也很清楚，我不需要的是什麼。我不需要過多的金錢和頭銜，我更不要那些職位或權力。

我不勉強自己去親近我不認同的人和事。我不需要太在乎別人對我的看法，也不用太在意自己是不是一定可以做到什麼。我用心享受生命中的各種緣遇和機會！十年會過去，或許還有二十年或三十年，以前我都會計劃自己的下一步，也就是下一年、下五年，或下十年要做什麼，但我現在比較隨性，我用心地去過每一天，這一刻是幸福快樂的，下一個片刻自然也是美好的。

在生命終了的那片刻，回顧這一生的一切，我相信應該不會有太多遺憾，因為我這一生真的也夠豐富和精采了！

「你要的人生是什麼呢？」

「你有什麼樣的夢想和期待嗎？」

「有什麼事是你這一生一定要完成的呢？」

「如果沒有金錢和時間上的限制，你最想要做的事是什麼呢？」

「如果你預知再一個月或三個月，你就要死了，你會做什麼事呢？」

「當臨終前回顧現在的你，你滿意你自己嗎？如果不滿意，你會要自己怎麼做？」

「人生就是要無悔！你要怎麼開始過你真正想要的生活呢？」

許多人用心思考這些問題時，可能都會卡住，因為他們可能會想：我如果有錢，我如果有時間，我如果再年輕一點，如果……

但其實你已經拖延太久了！你還要再拖延嗎？

只要你有想要做的事，那就開始你的行動吧！就是現在！別再猶豫！

我們每個人都有機會做我們自己生命的領航員，所以不要用理性和現實去衡量你的夢想！許多時候，一個小小願望的實現，都會讓我們得到大大的滿足。

別人是否滿意你，並不是那麼重要！最重要的是，你滿意你自己嗎？因為這個世界上最重要的人，就是你自己！勇敢的去面對你想、你要的一切！從現在開始出發吧！

二〇〇一年五月中，各大新聞媒體莫不以斗大的標題，報導劉寧生以八年的時間做準備，經過八百七十七個日子的海上長航，終於打破兩萬餘海里的紀錄，完成華人第一次駕駛無動力帆船環航世界的壯舉。

我告訴我的孩子，如果有一天你要駕船環航世界，爸爸也會支持你！我孩子告訴我，那是劉寧生的夢想，不是他的夢想。我很好奇他的夢想是什麼呢？他當時還只是二、三年級的小學生，所以他一時也還沒想到自己的夢想是什麼，不過他告訴我，如果屆時他的夢想需要我幫忙，他一定會跟我說。

後來當他讀小六時，我陪他騎腳踏車環島，而在國一暑假時，我們也去泳渡日月潭，現在只剩下登玉山的夢想還沒實現，而我的孩子也已經找到他的人生夢想，他說他要做個物理學家，他還要用一生的努力拿到諾貝爾獎。

小小的夢想，會激發偉大的熱情，我並不在乎我的孩子是否能夠做到，但我在乎的是他有夢想，只要有夢想，他就有熱情和活力，他的人生就會因此精采而豐富！

「太辛苦了！我才不要呢！」

我太太的夢想很簡單，就是以安逸的心情去世界旅行！

「有何不可呢？」

享受平凡的人生，也是一種夢想，因為在平淡中依然有著不一樣的豐富和精采，我們未必要像劉寧生一樣駕帆船環遊世界，我們也未必要像我家的豆豆一樣，訂下偉大的志向；但你一定要有自己的人生目標和方向。

當然你可以像老子一樣，過著最平淡和最平凡的生活，享受生命最深層的喜樂，你也可以有著宗教家的情懷，奉獻心力、服務人群。不論你要什麼，那一定都是最棒和最好的！

勇敢的跨步去實踐你所要的一切吧！

偉大的航道等著大家去冒險！

你是最棒的領航員！

心動力

在這麼一個多元而紛亂不定的時代，沒有人會在乎你要做什麼，除了我們的爸媽和家人。但因為沒有人會太注意我們，我們的夢想反而可以不受打擾的進行！

給自己一次不一樣的人生驚豔吧！

我們未必要如吳祥輝先生，離經叛道地拒絕聯考；但你可以像我一樣，雖能力不足，但勇敢的追尋自己的夢想！

你要什麼，你就得到什麼！

只要相信自己，就一定做得到！加油！

國家圖書館預行編目資料

相信自己，你最棒！／盧蘇偉著. -- 初版. --
臺北市：寶瓶文化, 2009. 01
面； 公分. --(vision ; 77)

ISBN 978-986-6745-55-3(平裝)
1. 自我肯定 2. 成功法

177.2 97019757

vision 077

相信自己，你最棒！

作者／盧蘇偉

發行人／張寶琴
社長兼總編輯／朱亞君
主編／張純玲・簡伊玲
編輯／羅時清
美術主編／林慧雯
校對／張純玲・陳佩伶・余素維
企劃主任／蘇靜玲
業務經理／李婉婷
財務主任／歐素琪 業務專員／林裕翔
出版者／寶瓶文化事業股份有限公司
地址／台北市110信義區基隆路一段180號8樓
電話／(02)27494988 傳真／(02)27495072
郵政劃撥／19446403 寶瓶文化事業股份有限公司
印刷廠／世和印製企業有限公司
總經銷／大和書報圖書股份有限公司 電話／(02)89902588
地址／新北市五股工業區五工五路2號 傳真／(02)22997900
E-mail／aquarius@udngroup.com

法律顧問／理律法律事務所陳長文律師、蔣大中律師
如有破損或裝訂錯誤，請寄回本公司更換
著作完成日期／二〇〇八年十一月
初版一刷日期／二〇〇九年一月
初版七刷+日期／二〇一四年六月二十五日
ISBN／978-986-6745-55-3
定價／260元

愛書人卡

感謝您熱心的為我們填寫，
對您的意見，我們會認真的加以參考，
希望寶瓶文化推出的每一本書，都能得到您的肯定與永遠的支持。

系列：vision077　**書名：相信自己，你最棒！**

1. 姓名：＿＿＿＿＿＿　性別：□男　□女

2. 生日：＿＿年＿＿月＿＿日

3. 教育程度：□大學以上　□大學　□專科　□高中、高職　□高中職以下

4. 職業：＿＿＿＿＿＿

5. 聯絡地址：＿＿＿＿＿＿＿＿＿＿＿＿

聯絡電話：＿＿＿＿＿＿　手機：＿＿＿＿＿＿

6. E-mail信箱：＿＿＿＿＿＿＿＿＿＿

□同意　□不同意　免費獲得寶瓶文化叢書訊息

7. 購買日期：＿＿年＿＿月＿＿日

8. 您得知本書的管道：□報紙／雜誌　□電視／電台　□親友介紹　□逛書店　□網路　□傳單／海報　□廣告　□其他

9. 您在哪裡買到本書：□書店，店名＿＿＿＿＿＿　□劃撥　□現場活動　□贈書　□網路購書，網站名稱：＿＿＿＿＿＿　□其他＿＿＿＿＿＿

10. 對本書的建議：（請填代號　1. 滿意　2. 尚可　3. 再改進，請提供意見）

內容：＿＿＿＿＿＿＿＿

封面：＿＿＿＿＿＿＿＿

編排：＿＿＿＿＿＿＿＿

其他：＿＿＿＿＿＿＿＿

綜合意見：＿＿＿＿＿＿＿＿＿＿＿＿

11. 希望我們未來出版哪一類的書籍：＿＿＿＿＿＿＿＿

讓文字與書寫的聲音大鳴大放

寶瓶文化事業股份有限公司

（請沿此虛線剪下）

廣 告 回 函
北區郵政管理局登記
證北台字15345號
免貼郵票

寶瓶文化事業股份有限公司　　收

110台北市信義區基隆路一段180號8樓

8F,180 KEELUNG RD.,SEC.1,

TAIPEI.(110)TAIWAN R.O.C.

（請沿虛線對折後寄回，謝謝）